Salmo 34:10
Os filhos dos leões carecem e sofrem fome; mas aos que buscam ao SENHOR bem nenhum faltará

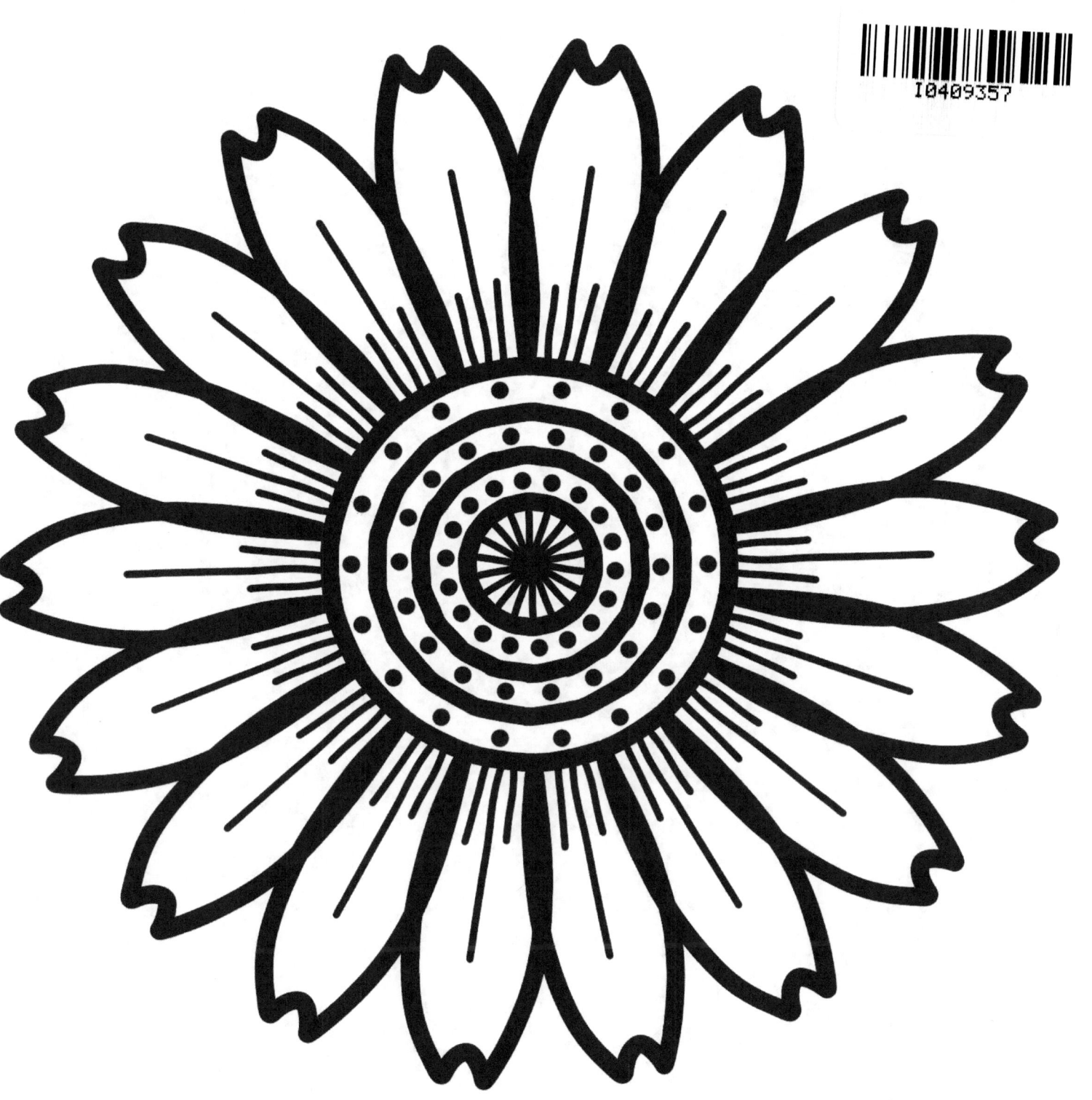

Salmo 24:1
Do Senhor é a terra e a sua plenitude;
o mundo, e os que nele habitam.

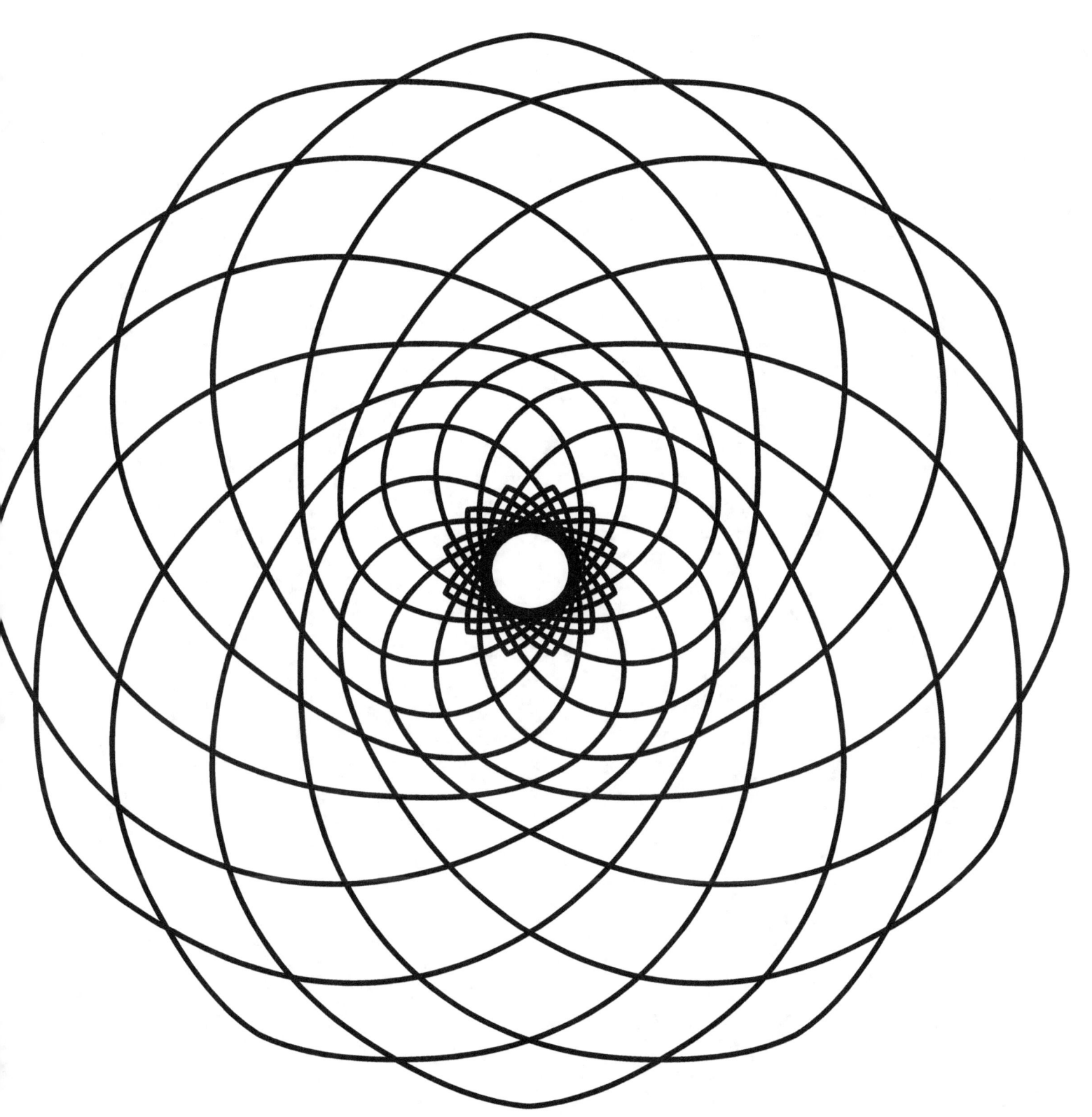

Deuteronômio 28:6
Bendito serás ao entrares, e bendito serás ao saires.

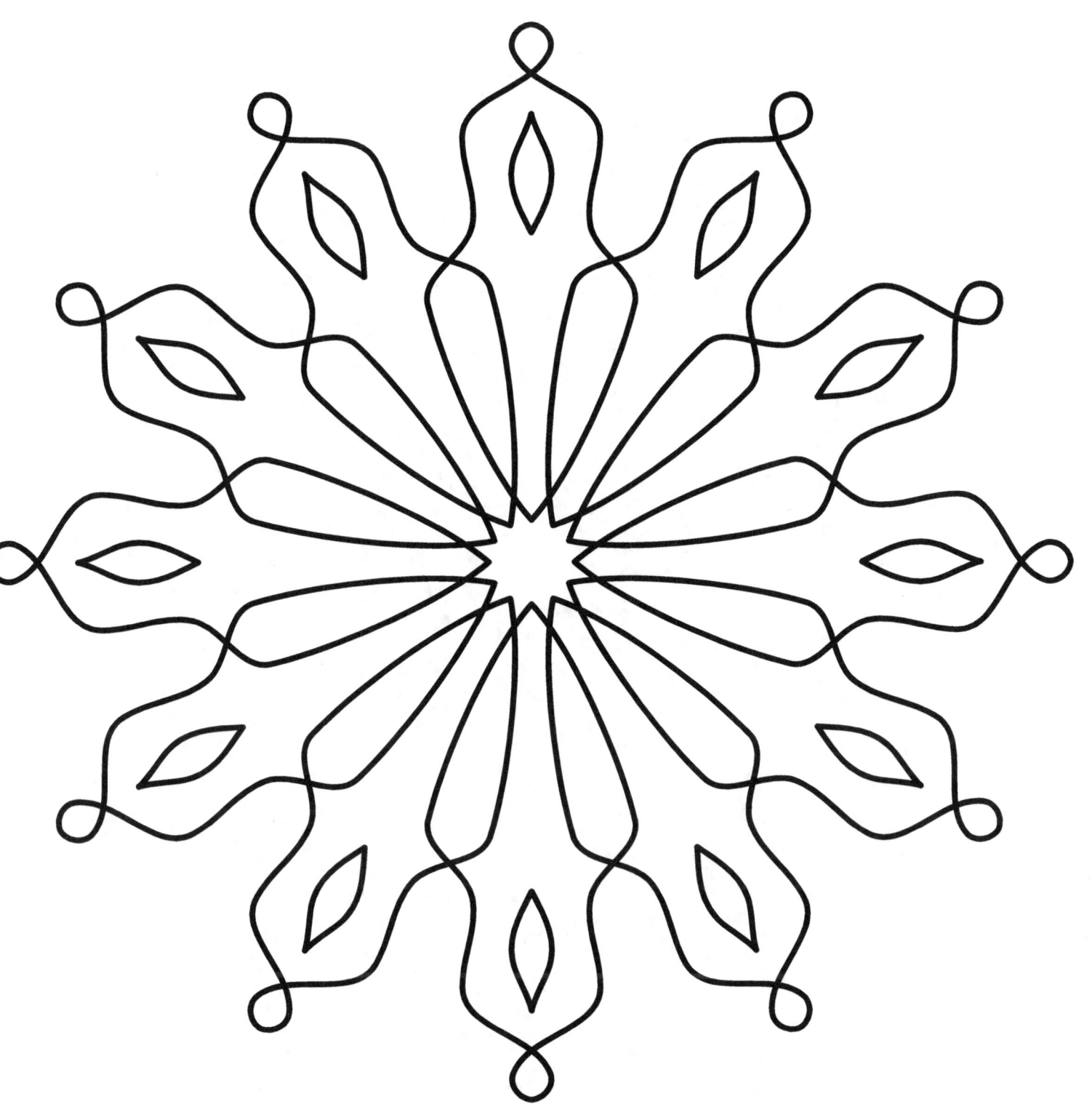

Provérbios 10:22
A bênção do Senhor é que enriquece, e
com ela não acrescenta dores.

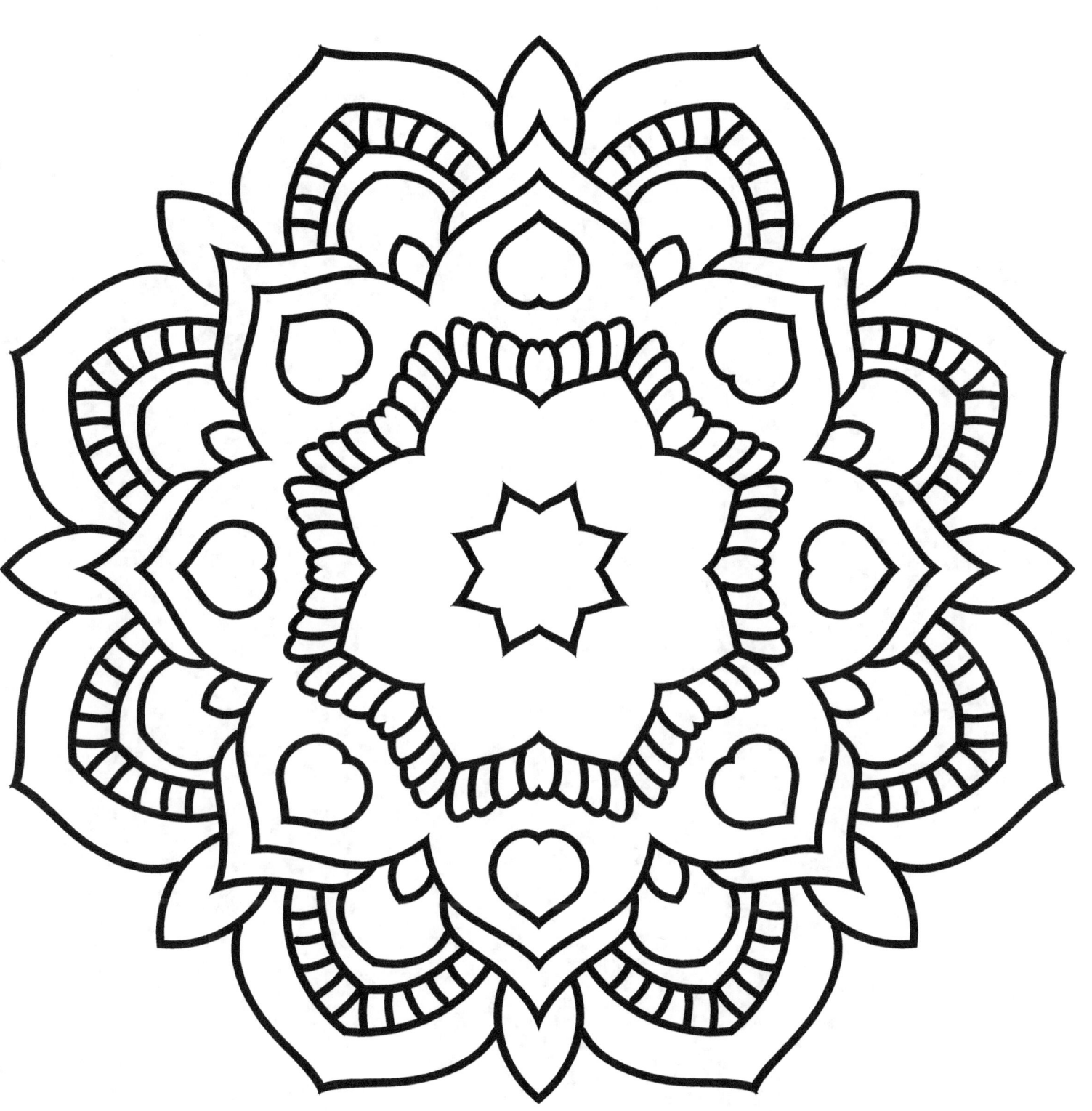

Provérbios 22:4
Pela humildade e pelo temor do Senhor vêm
as riquezas, e a honra, e a vida.

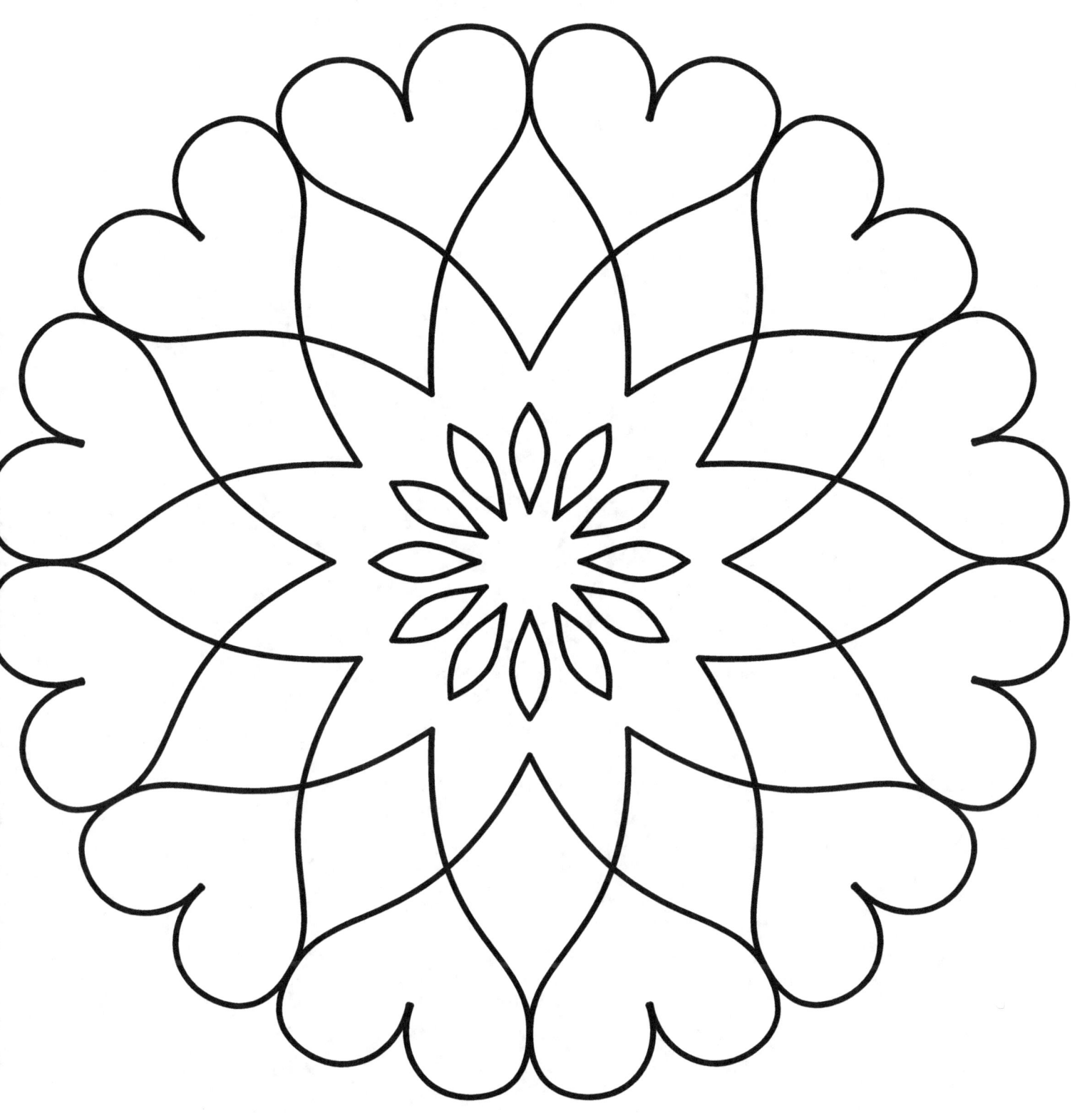

Lucas 12:34
Pois onde estiver o seu tesouro, aí
estará também o seu coração.

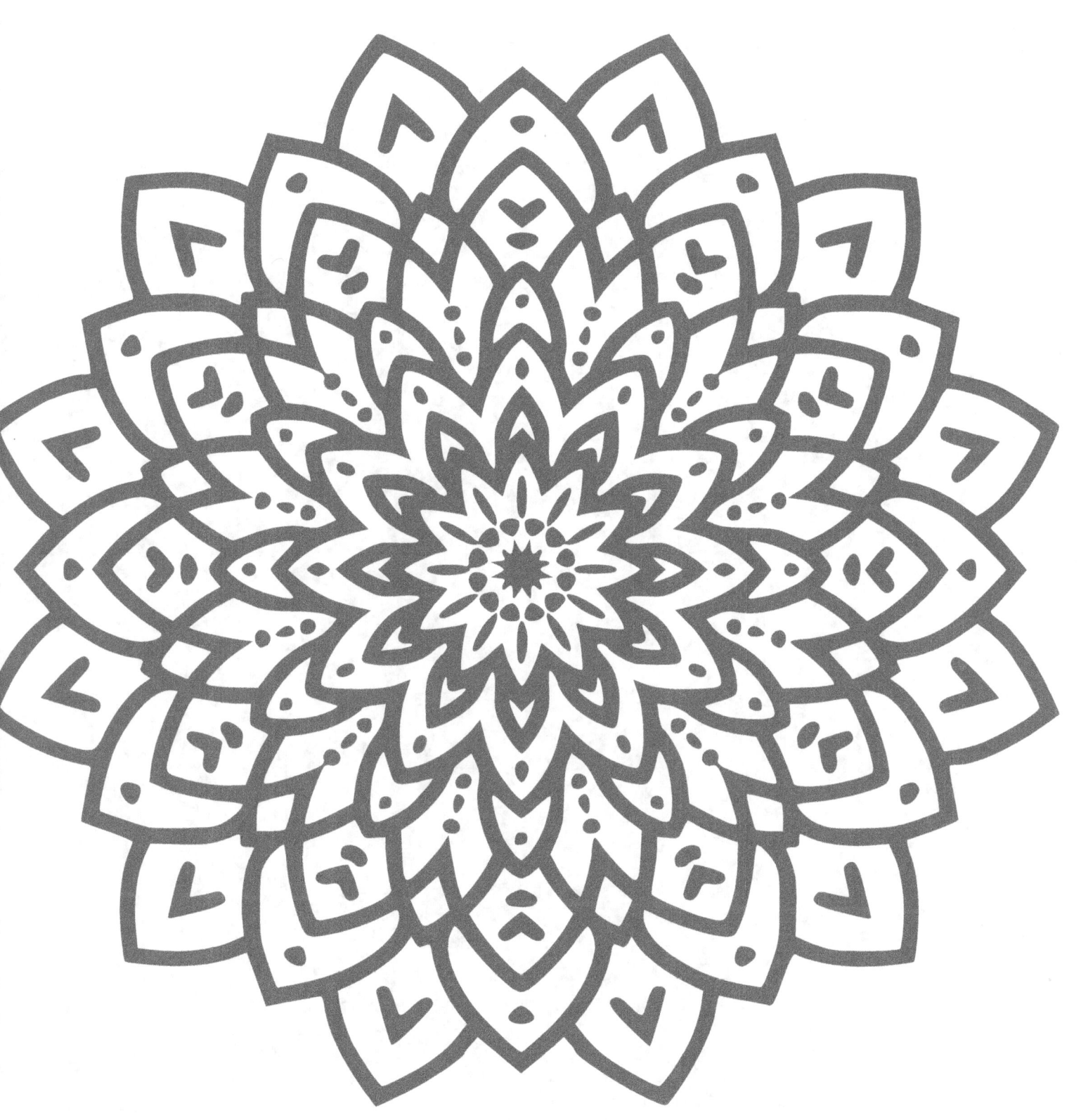

Provérbios 19:17
O que se compadece do pobre empresta ao
Senhor; e o que ele deu, ele o pagará novamente.

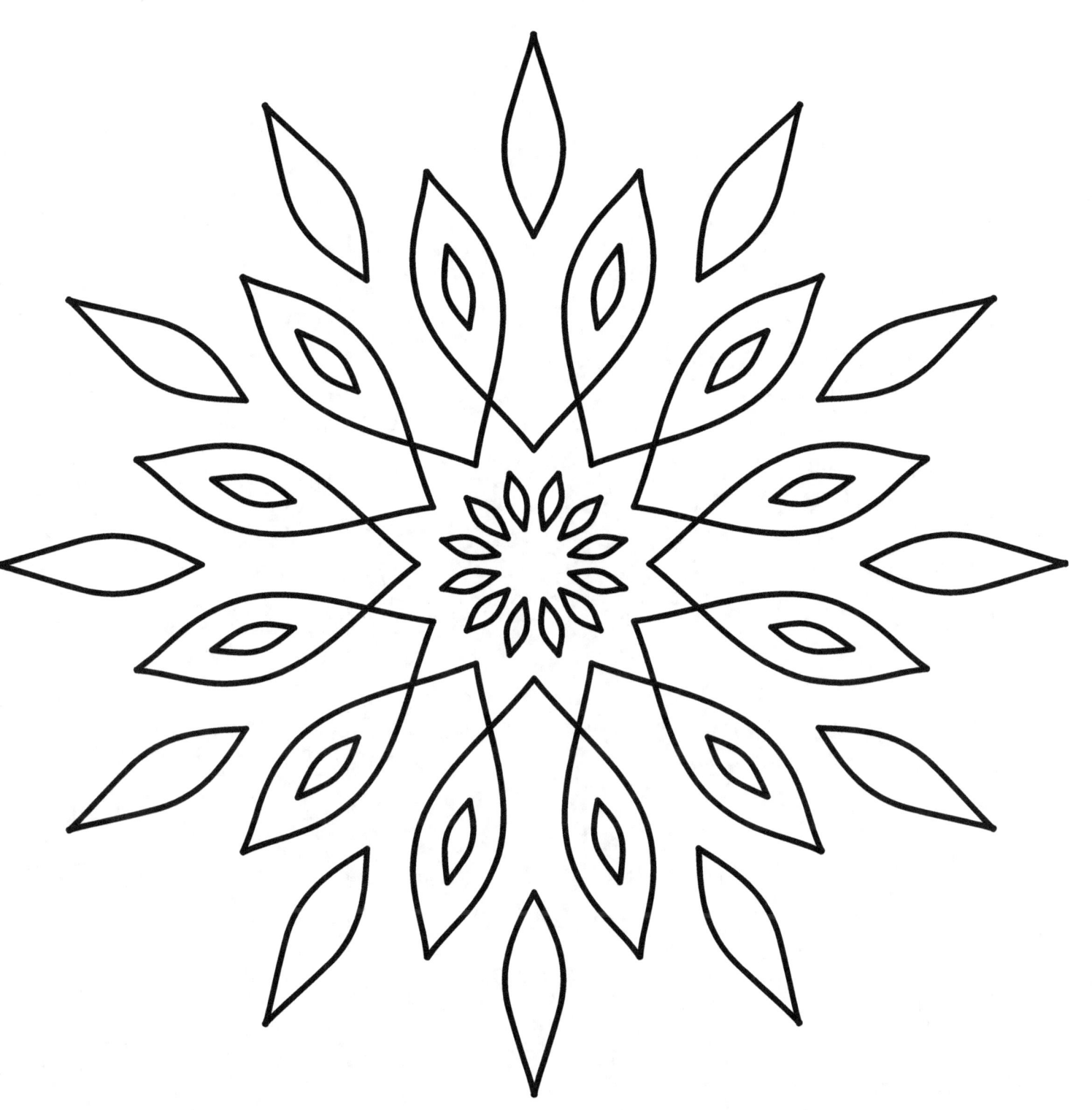

Deuteronômio 29:9
Guardai, portanto, as palavras deste convênio e
cumpri-as, para que prospereis em tudo o que fizerdes.

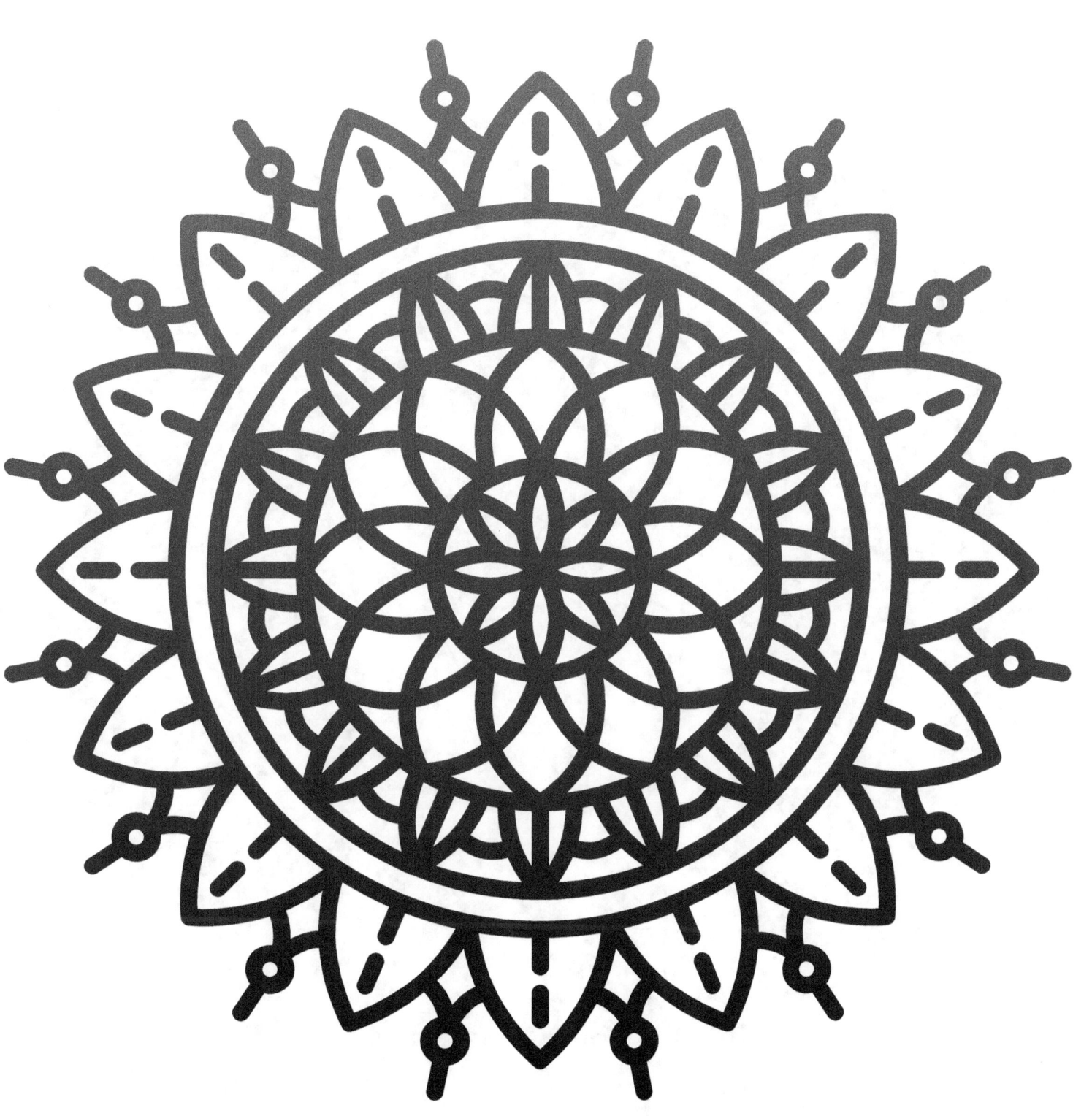

Filipenses 4:19
Mas meu Deus suprirá todas as suas necessidades de
acordo com suas riquezas em glória por Cristo Jesus.

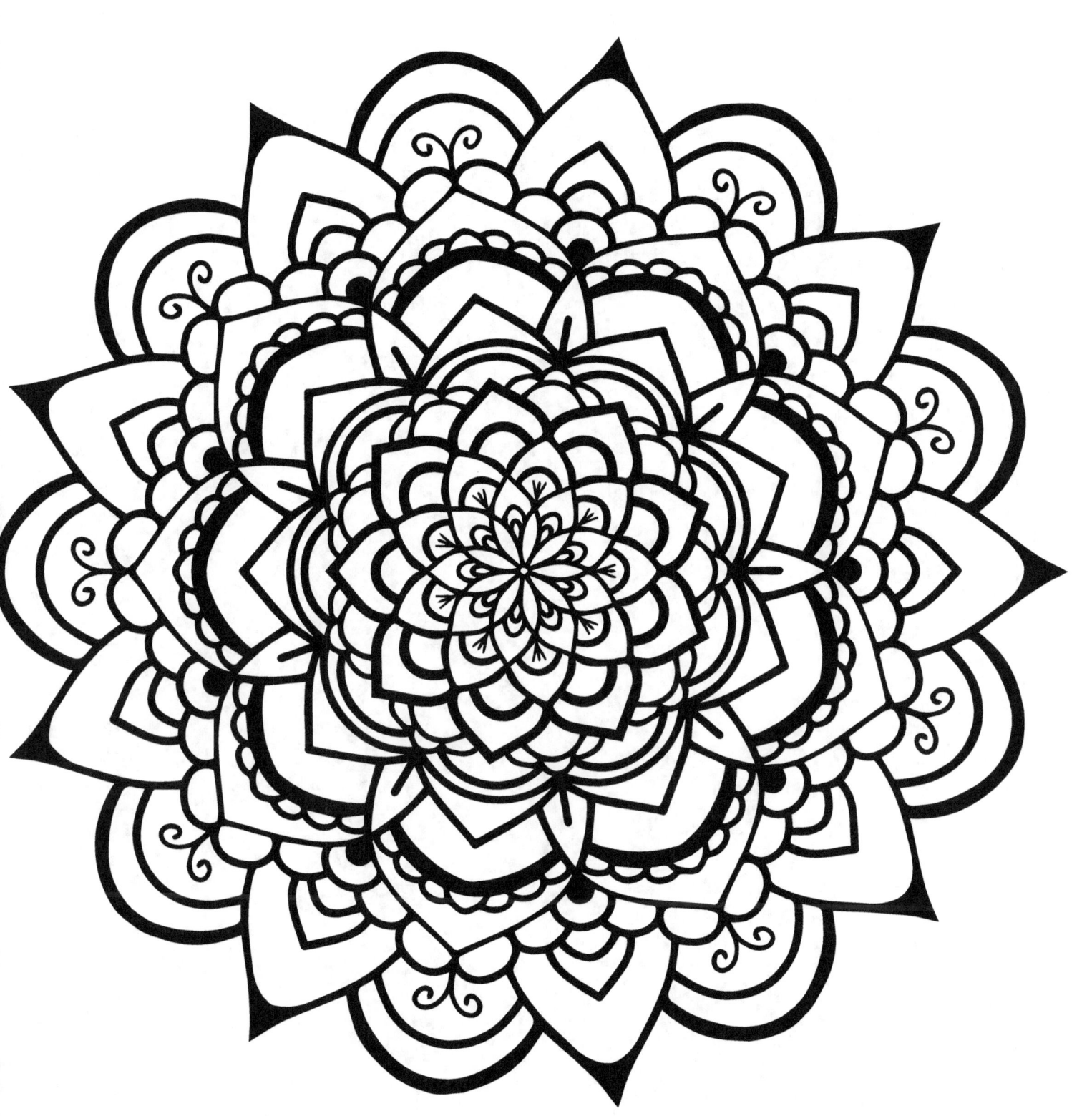

Jó 22:21
Familiarize-se agora com ele e fique em
paz: assim o bem virá a você.

Provérbios 13:22
O homem bom deixa uma herança aos filhos de seus filhos, e a riqueza do pecador é depositada para o justo.

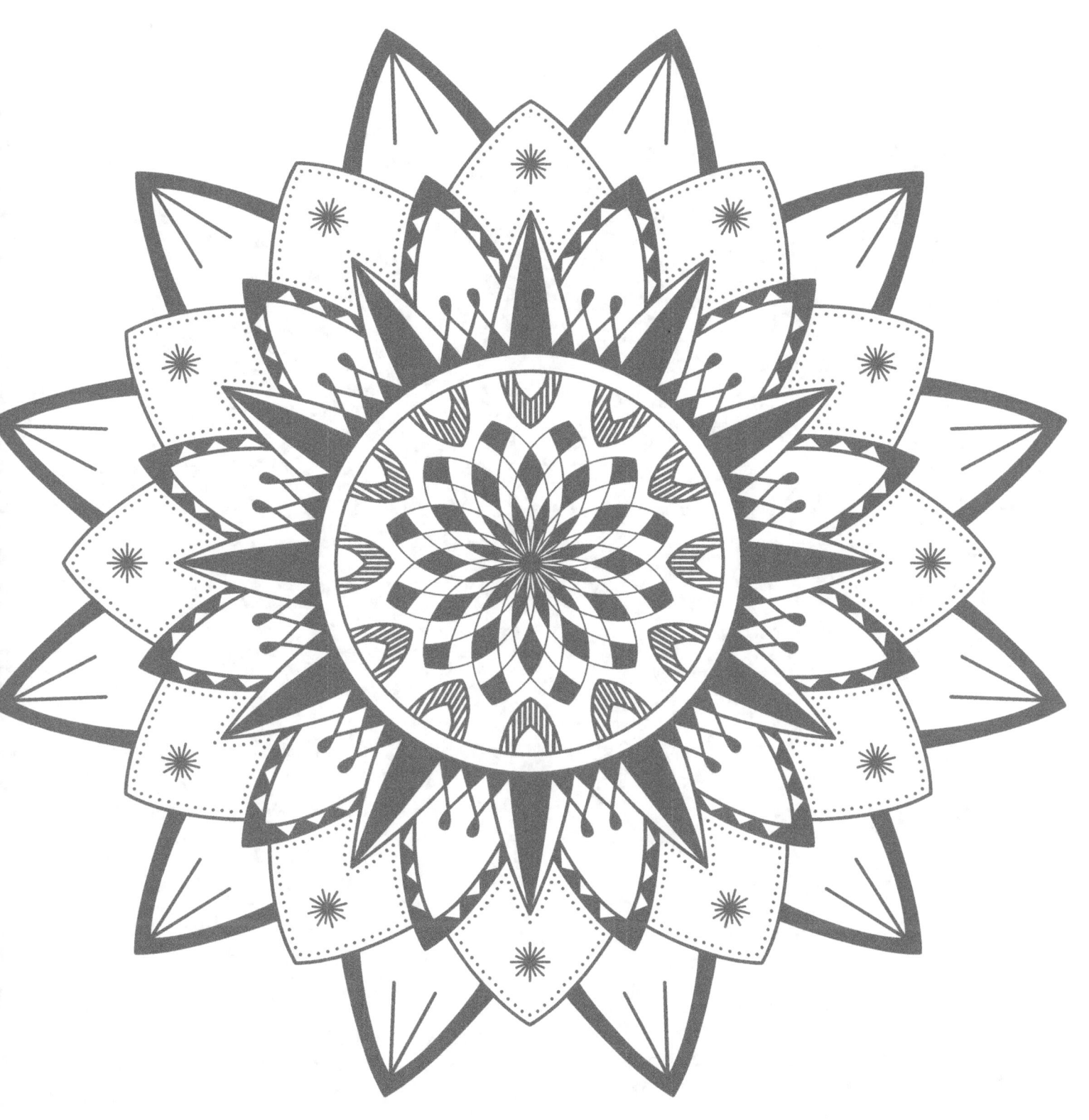

Provérbios 21:20
Há tesouro a desejar e óleo na morada do sábio; mas o tolo gasta tudo.

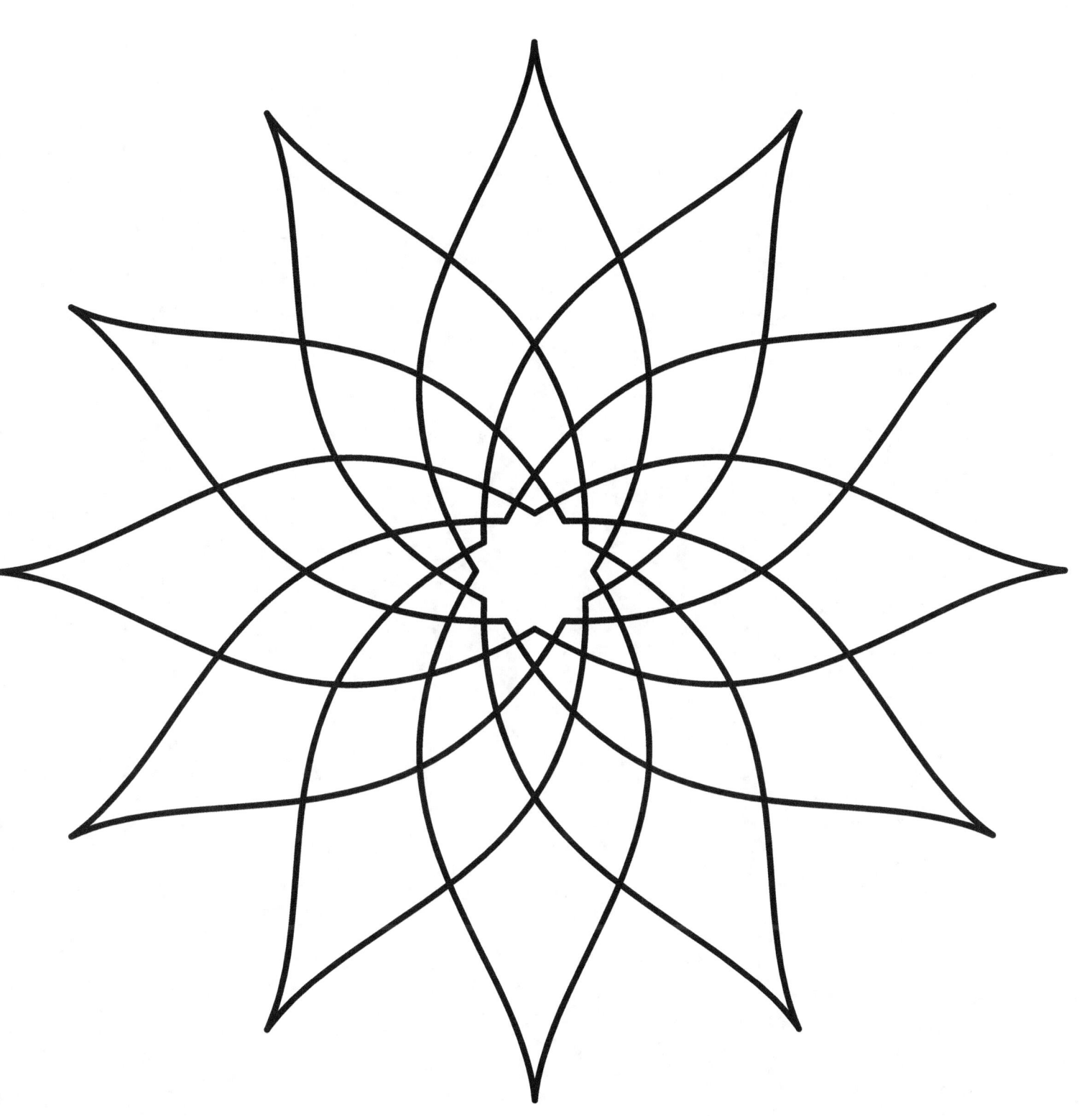

Deuteronômio 16:17
Cada um dará conforme puder, conforme a
bênção que o Senhor teu Deus te tiver dado.

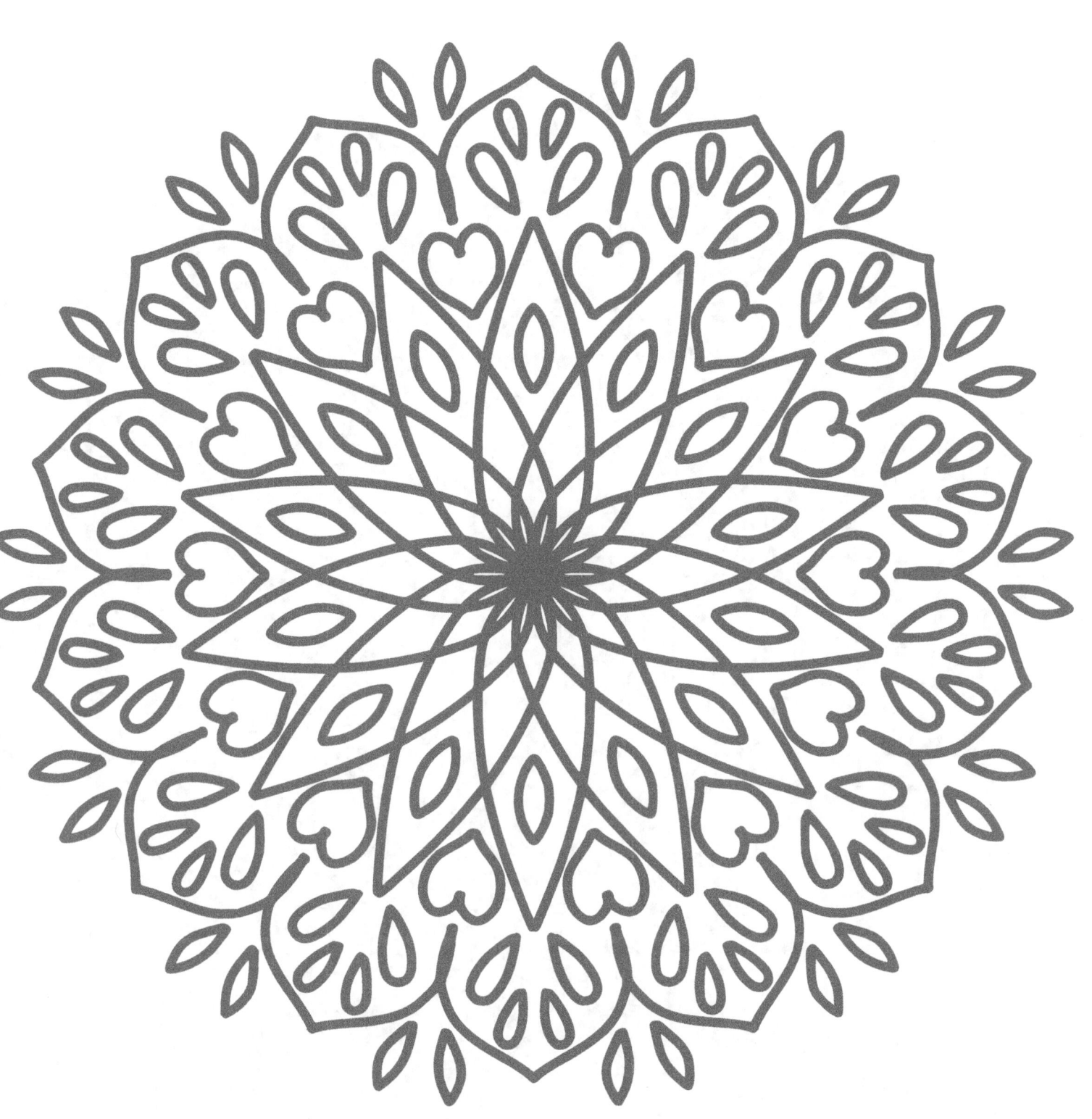

Provérbios 22:9
Aquele que tem olhos generosos será
abençoado; porque dá do seu pão aos pobres.

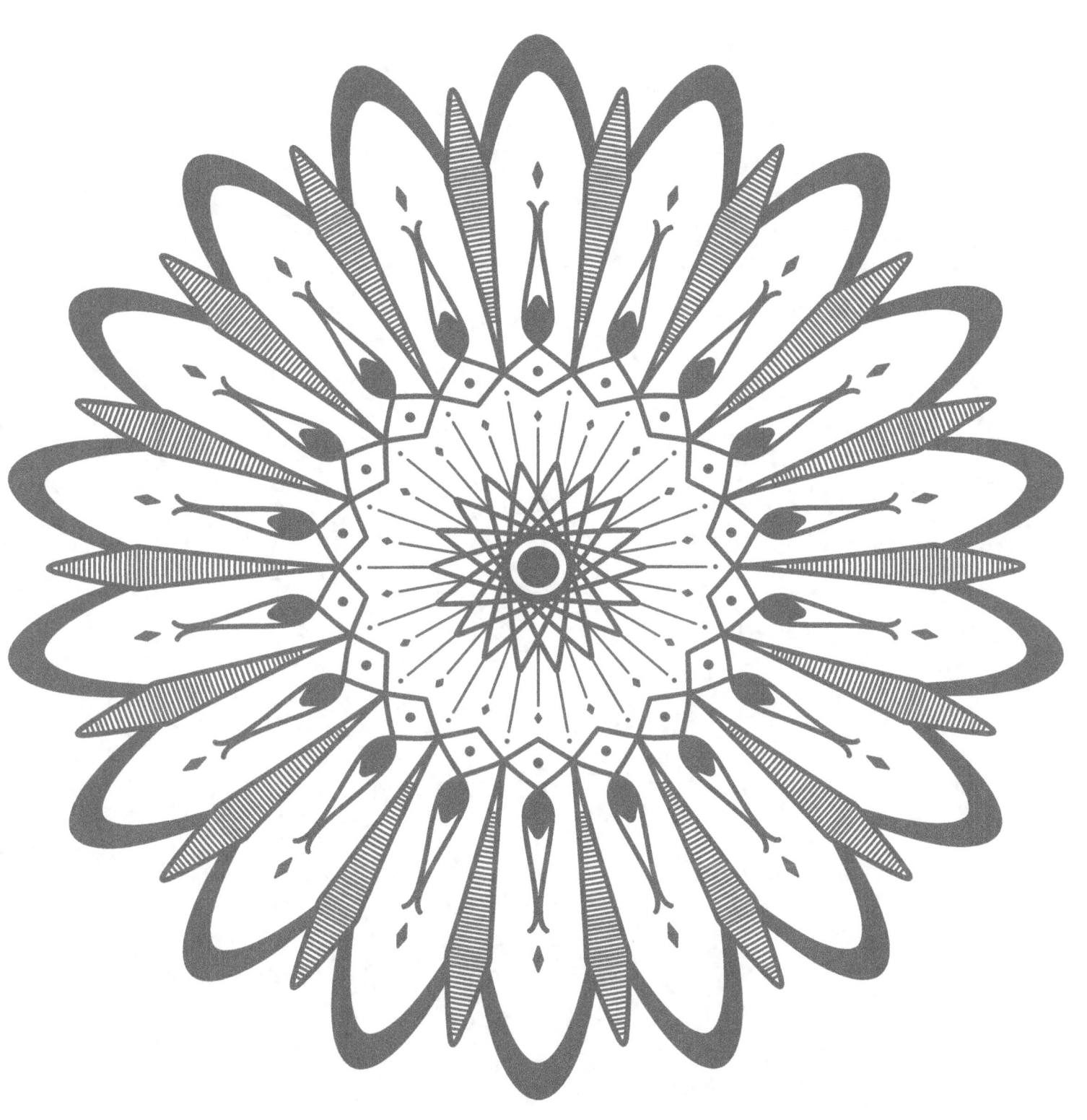

Mateus 6:33
Mas buscai primeiro o reino de Deus e a sua justiça; e todas estas coisas vos serão acrescentadas.

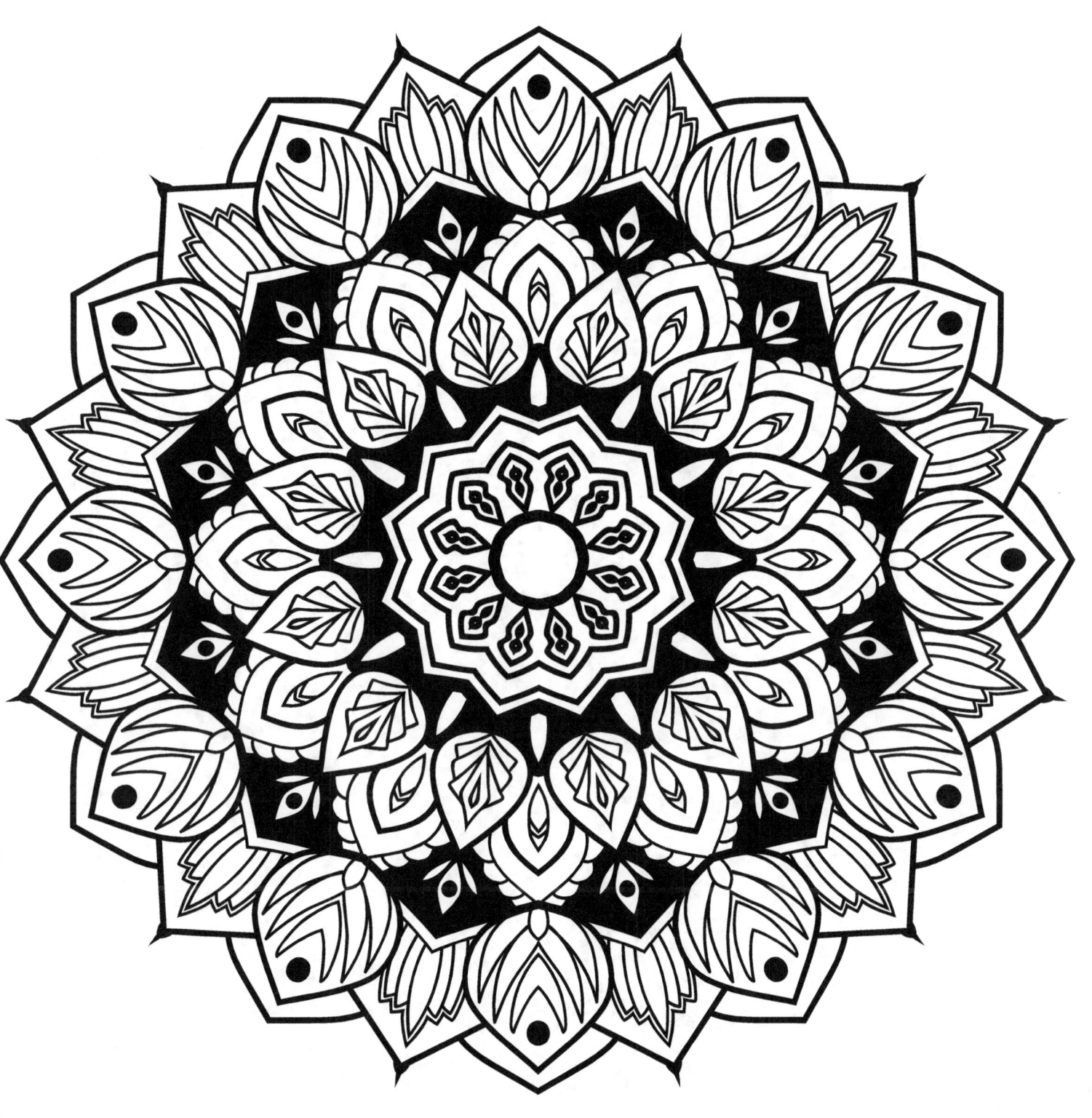

Lucas 16:10
Quem é fiel no mínimo também é fiel no muito; e quem é injusto no mínimo também é injusto no muito.

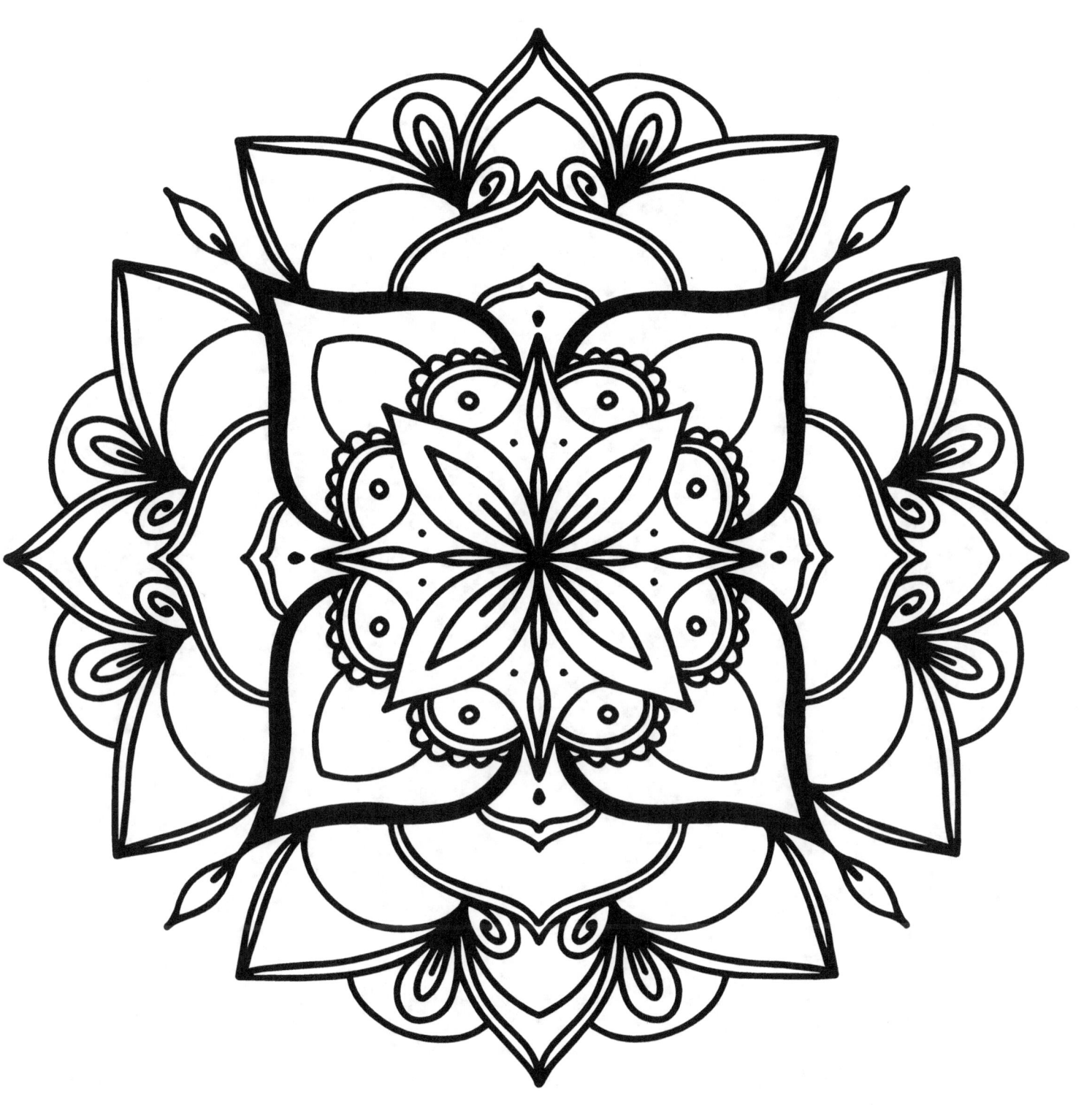

Provérbios 13:4
A alma do preguiçoso deseja e coisa alguma
alcança, mas a alma dos diligentes se farta.

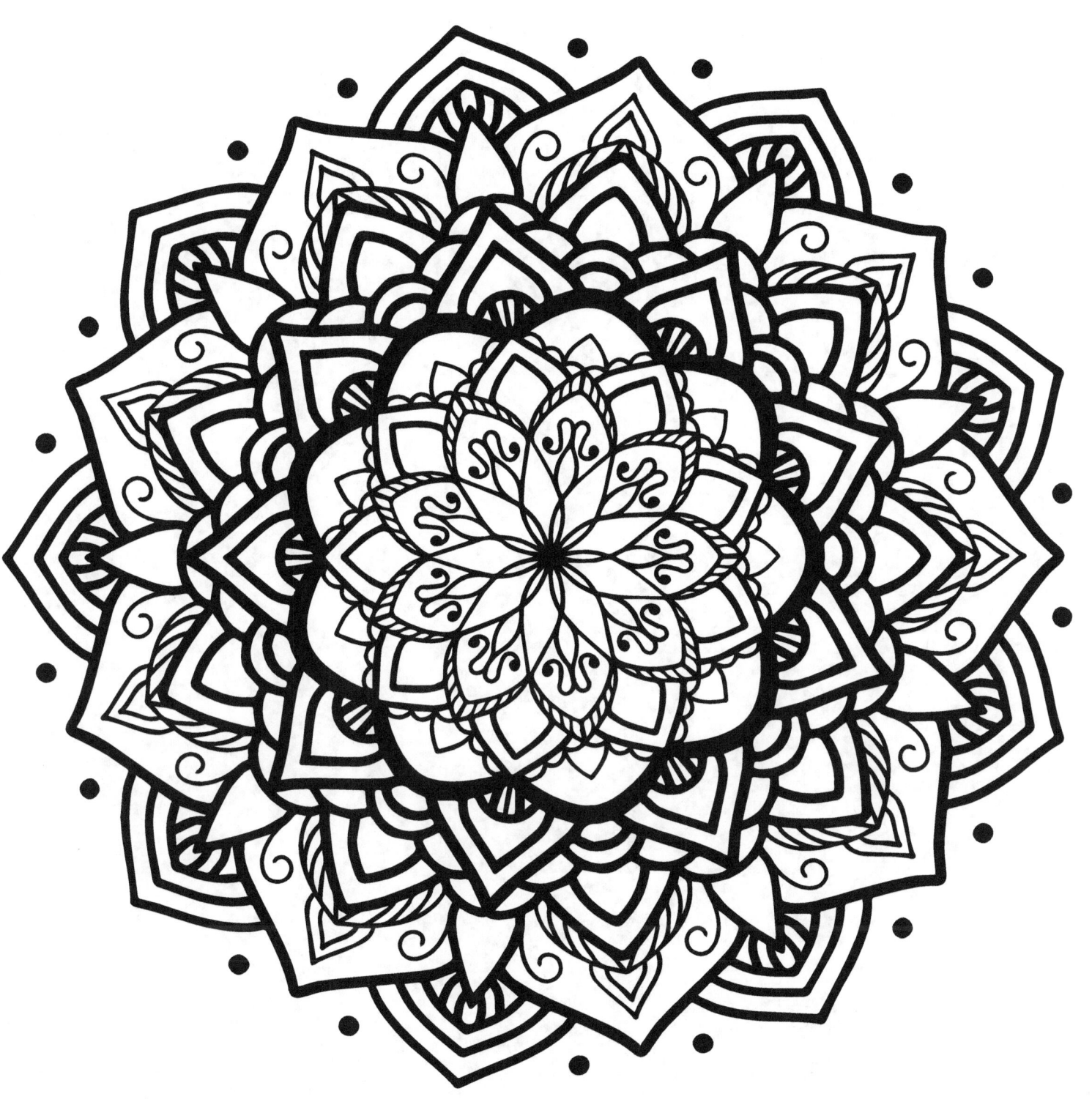

Efésios 1:7
Nele temos a redenção por meio de seu sangue, o perdão dos
pecados, de acordo com as riquezas da graça de Deus.

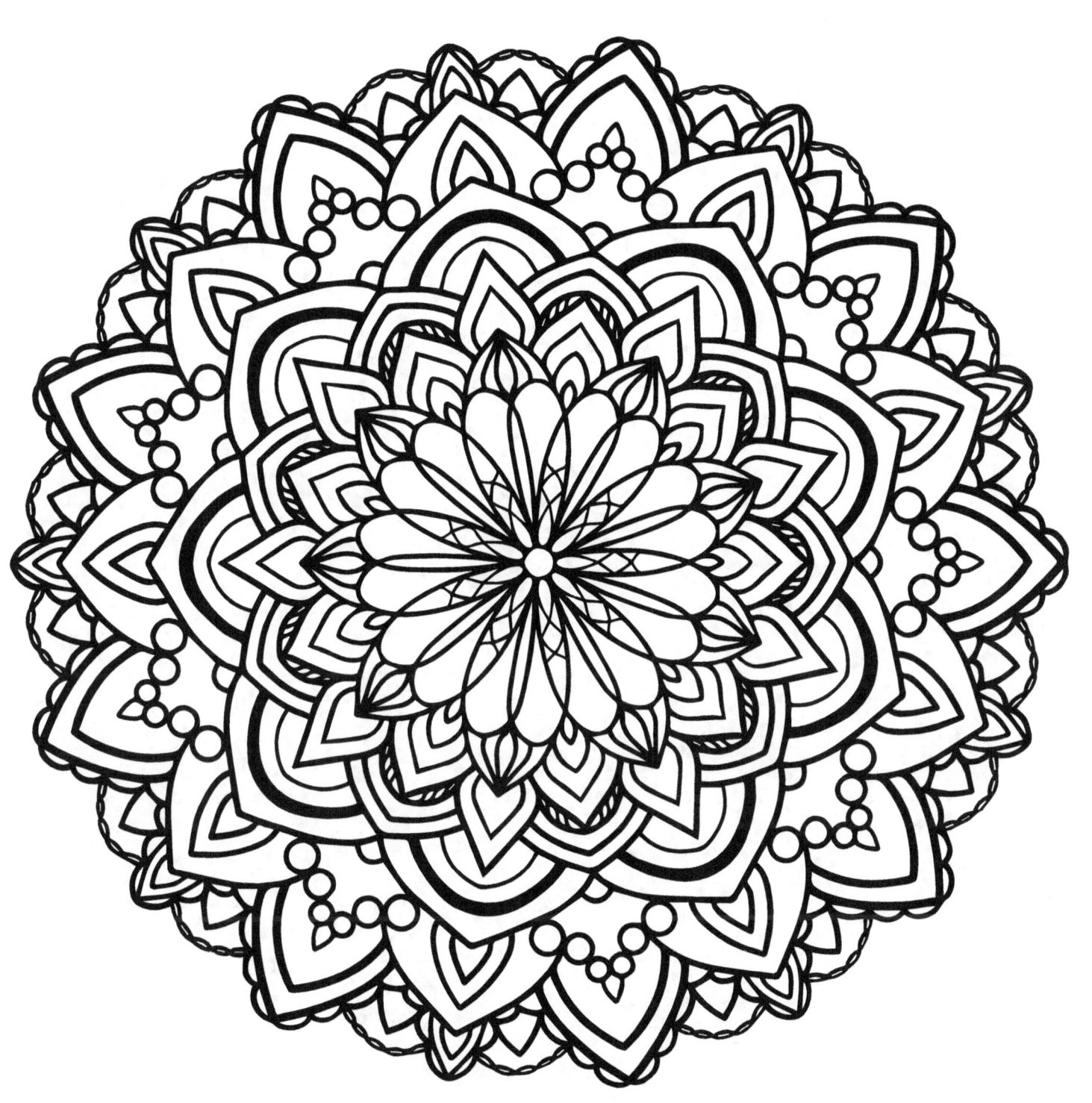

Provérbios 8:18
Comigo estão riquezas e honra, prosperidade e
justiça duradouras.

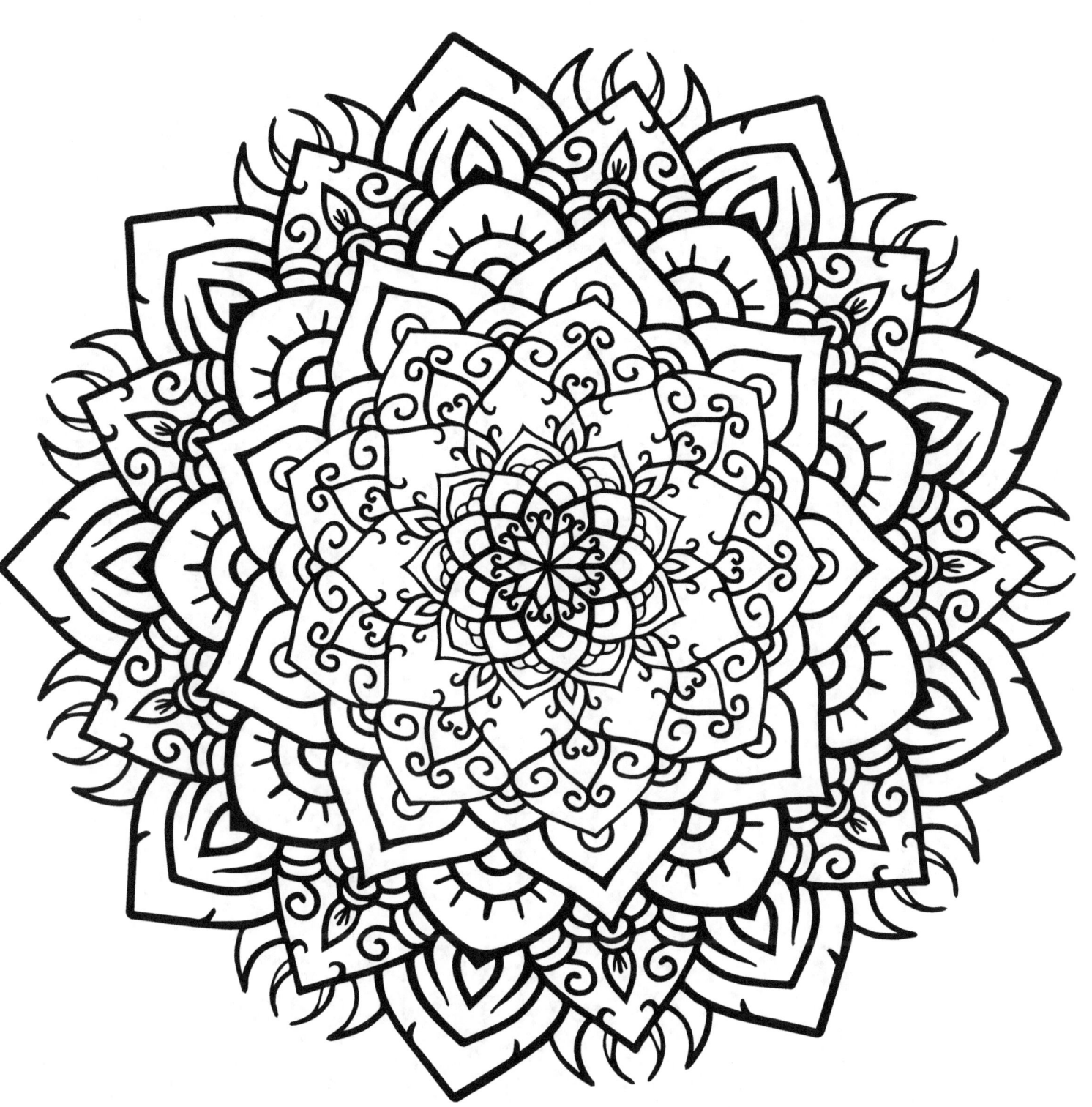

2 Coríntios 8:9

Pois vocês conhecem a graça de nosso Senhor Jesus Cristo que, sendo rico, se fez pobre por amor de vocês, para que por meio de sua pobreza vocês se tornassem ricos.

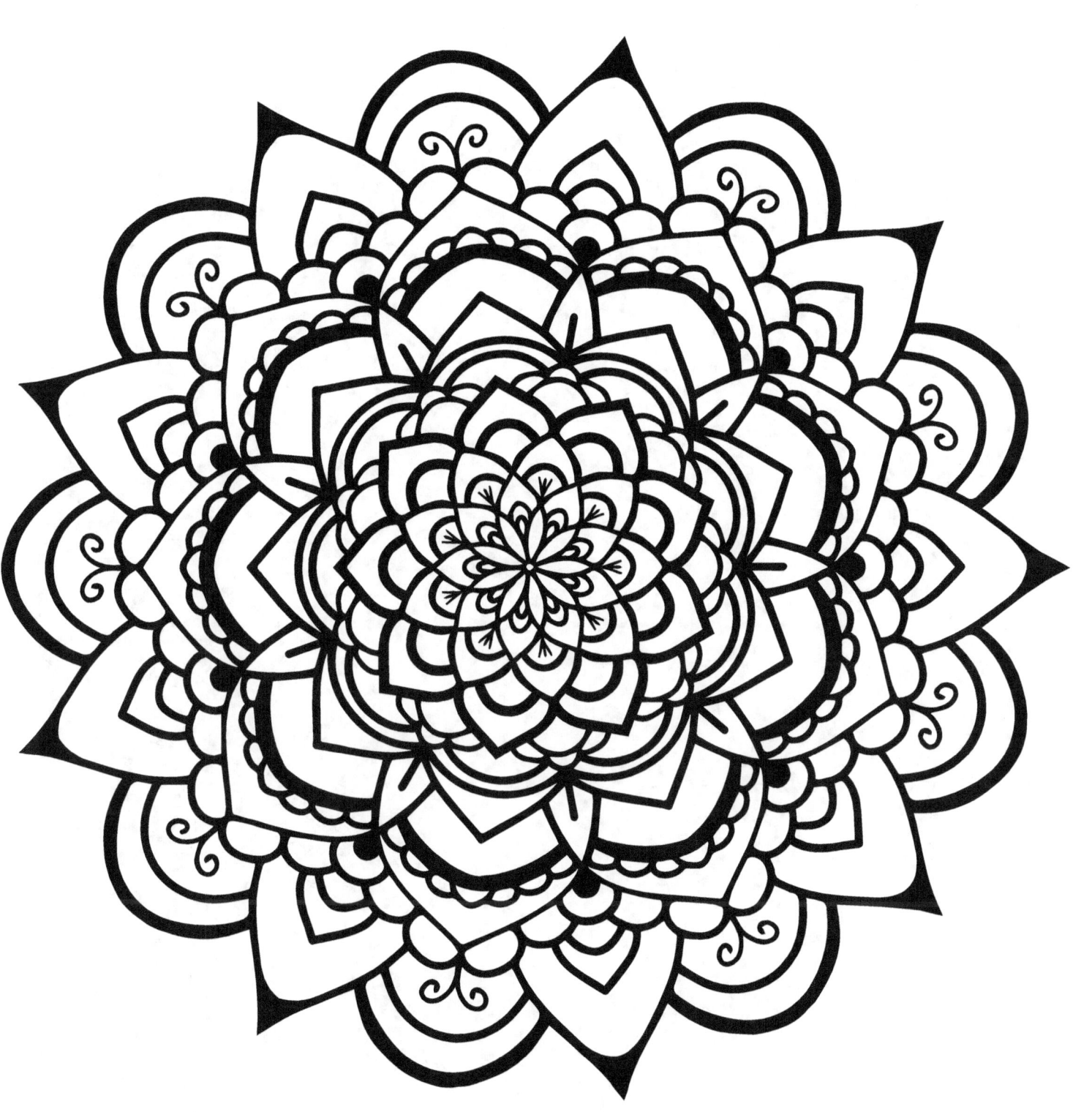

Ageu 2:8
"Tanto a prata quanto o ouro me pertencem",
declara o SENHOR dos Exércitos.

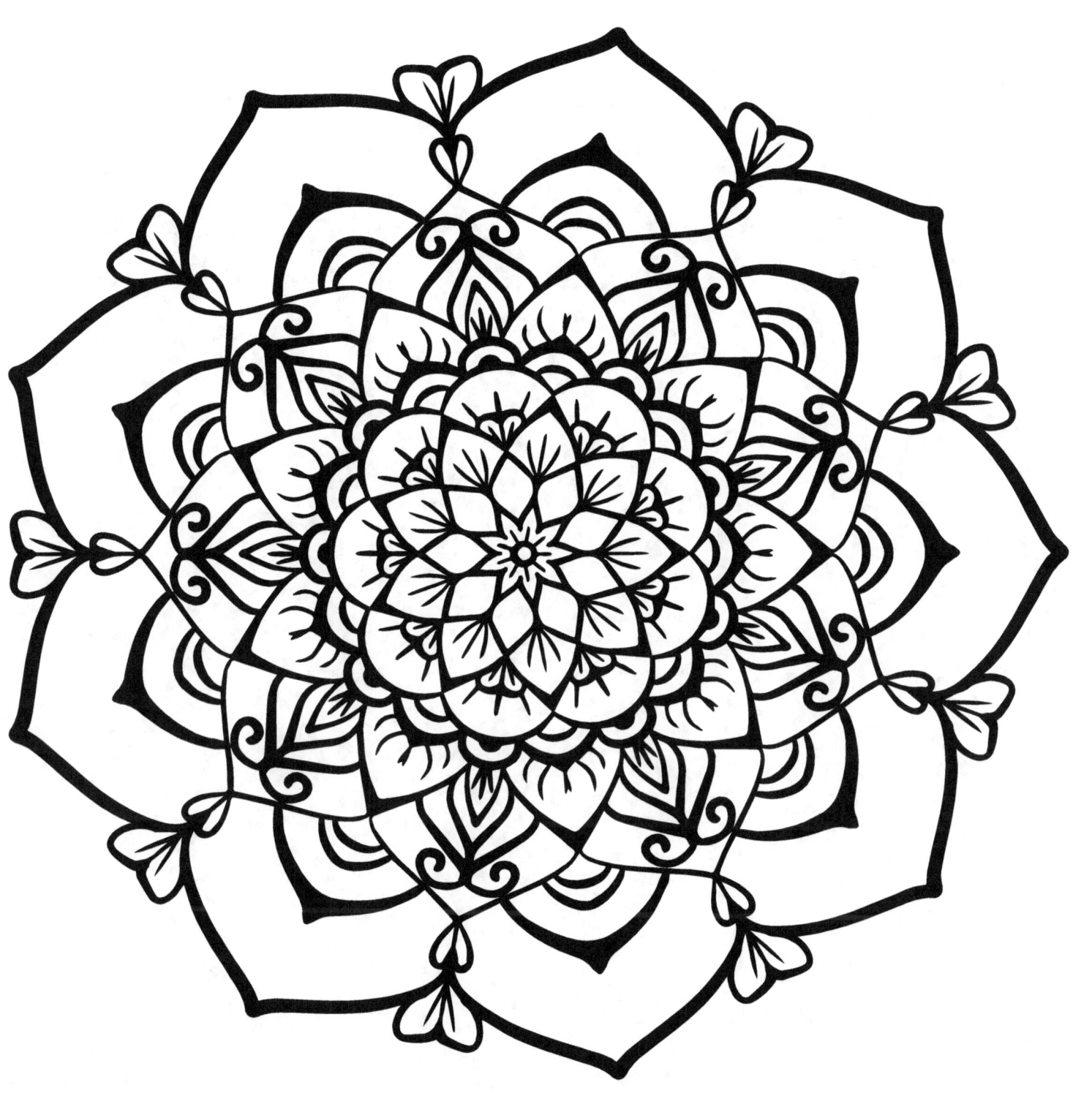

3 João 1:2 Acima de tudo, desejo-lhe prosperidade e saúde, à medida que sua alma prospera.

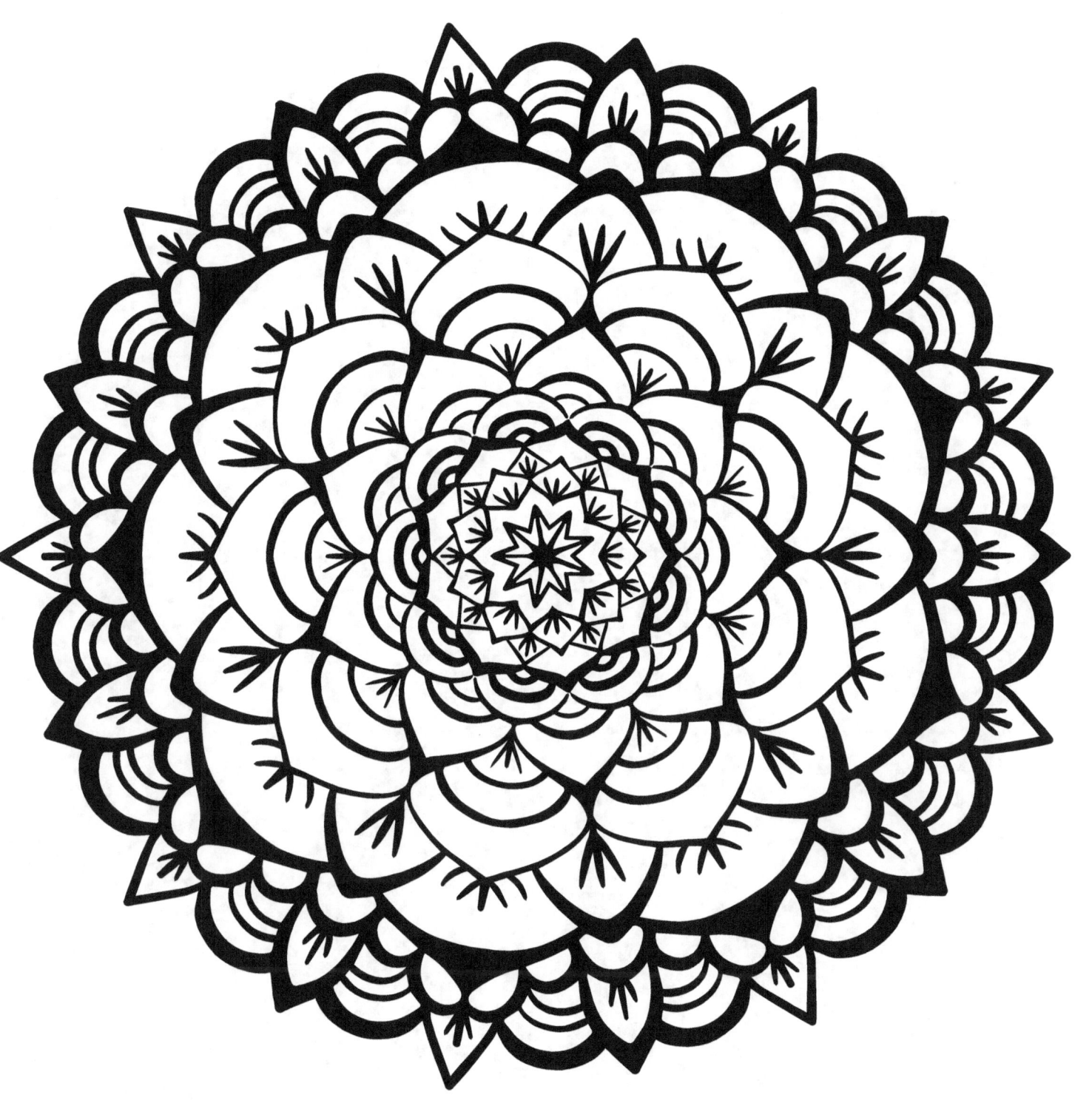

Deuteronômio 8:18
Antes te lembrarás do Senhor teu Deus, porque ele é o que te dá força para adquirires riquezas; a fim de confirmar o seu pacto, que jurou a teus pais, como hoje se vê.

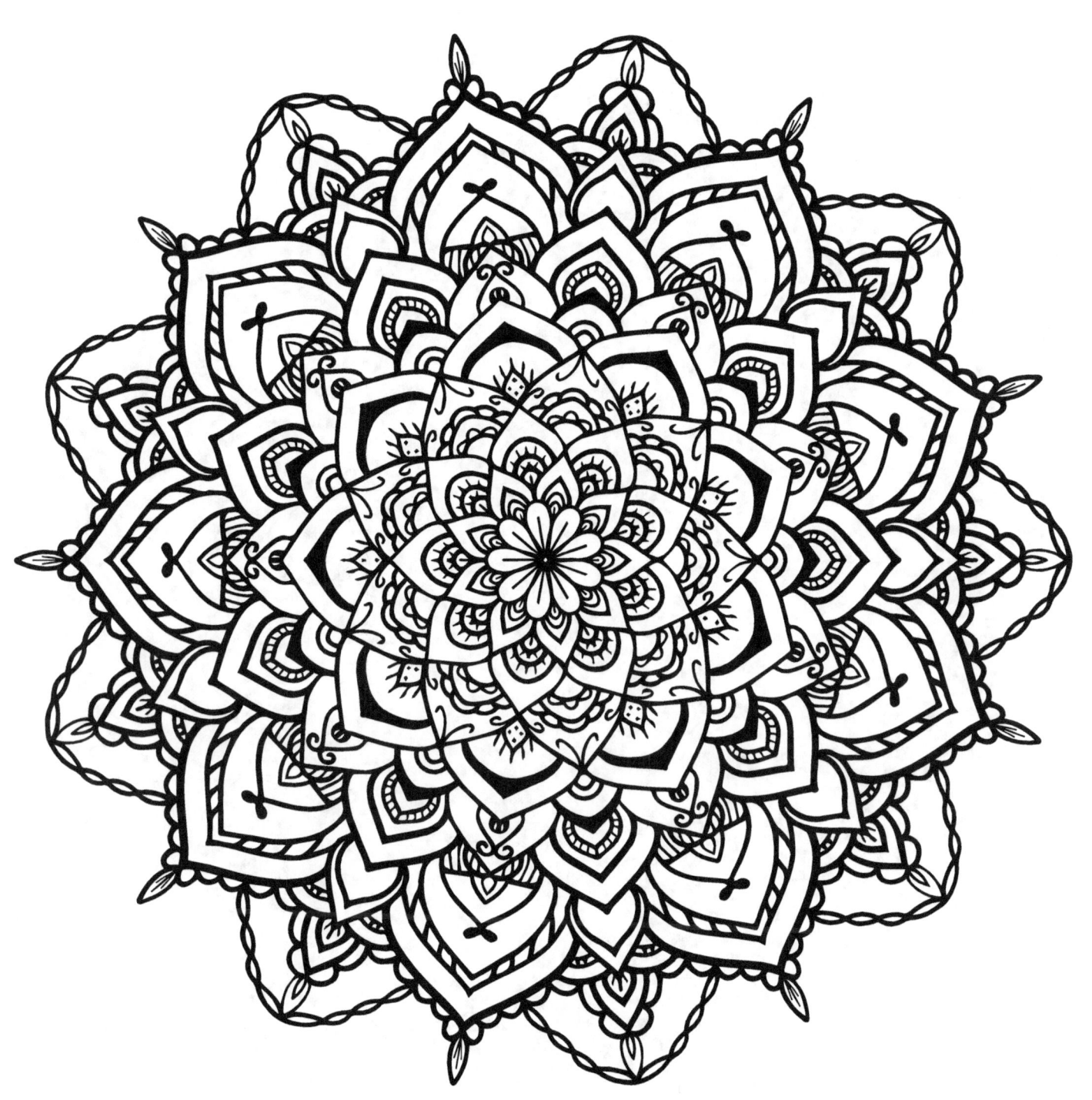

Jeremias 29:11
Pois eu bem sei os planos que estou projetando para vós, diz o Senhor; planos de paz, e não de mal, para vos dar um futuro e uma esperança.

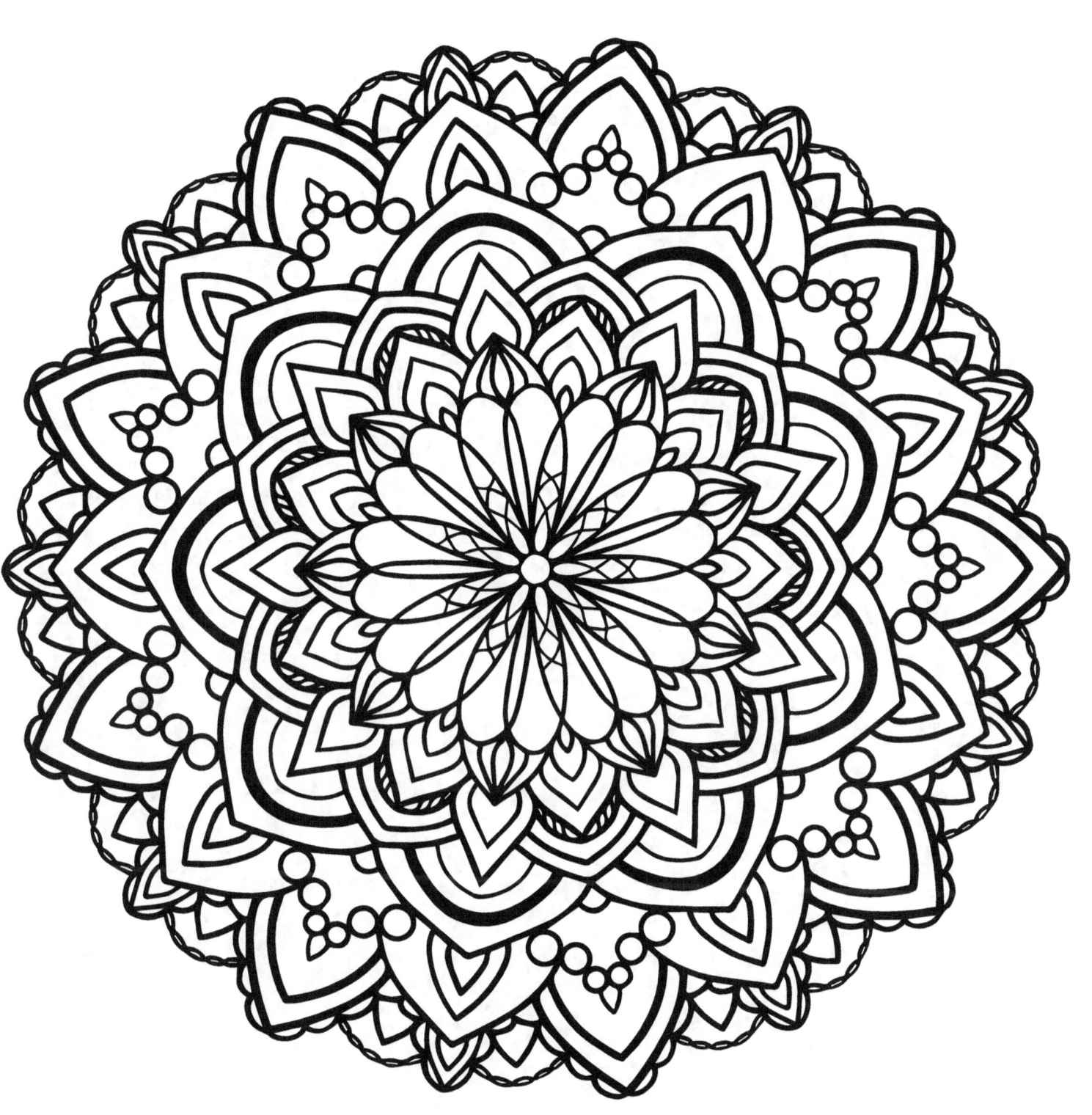

Isaías 1:19
Se quiserdes, e me ouvirdes, comereis o bem desta terra;

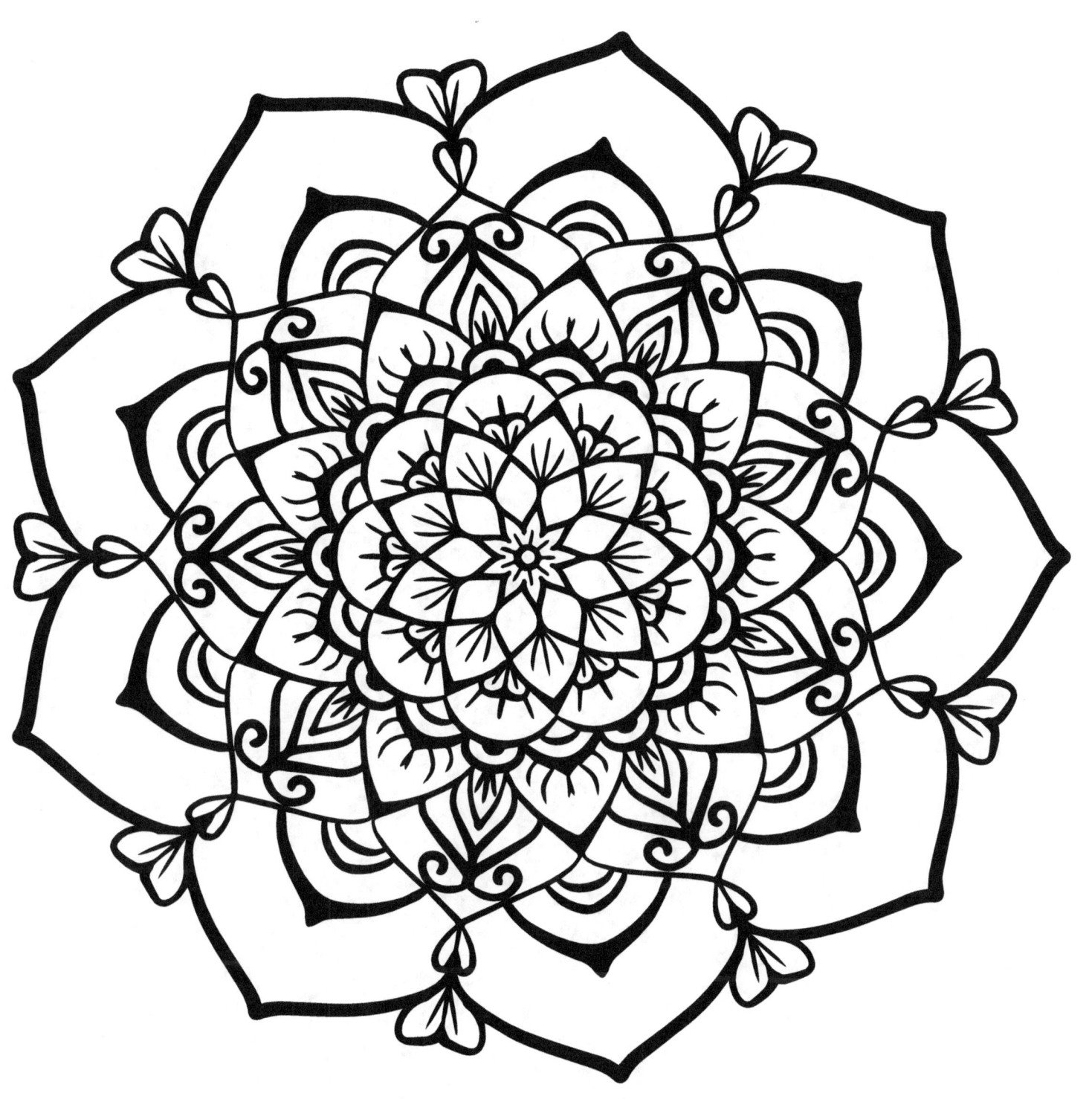

Provérbios 22:4
O galardão da humildade e do temor do Senhor é riquezas, e honra e vida.

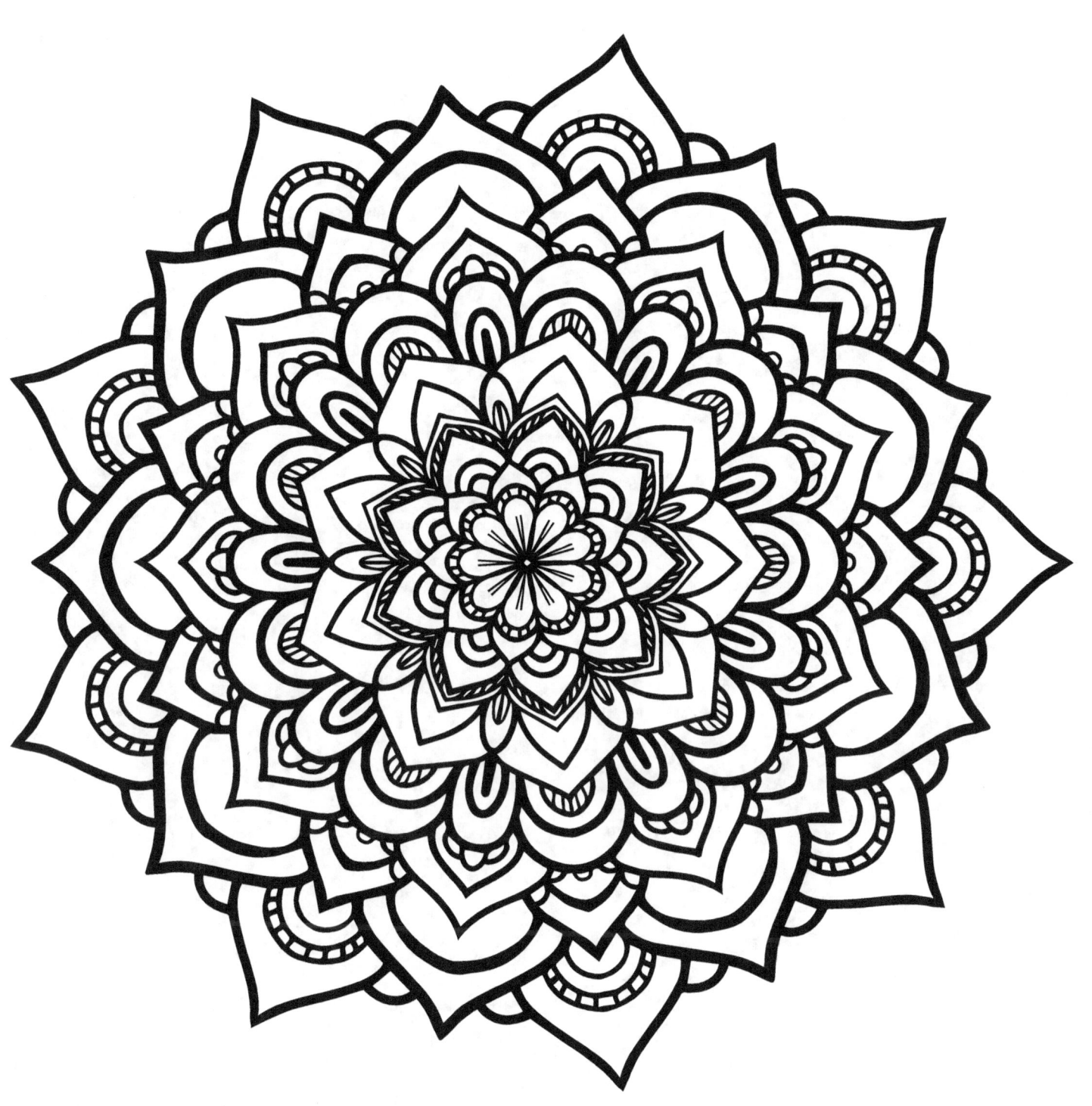

salmo 84:11

Porquanto o Senhor Deus é sol e escudo; o Senhor dará graça e glória; não negará bem algum aos que andam na retidão.

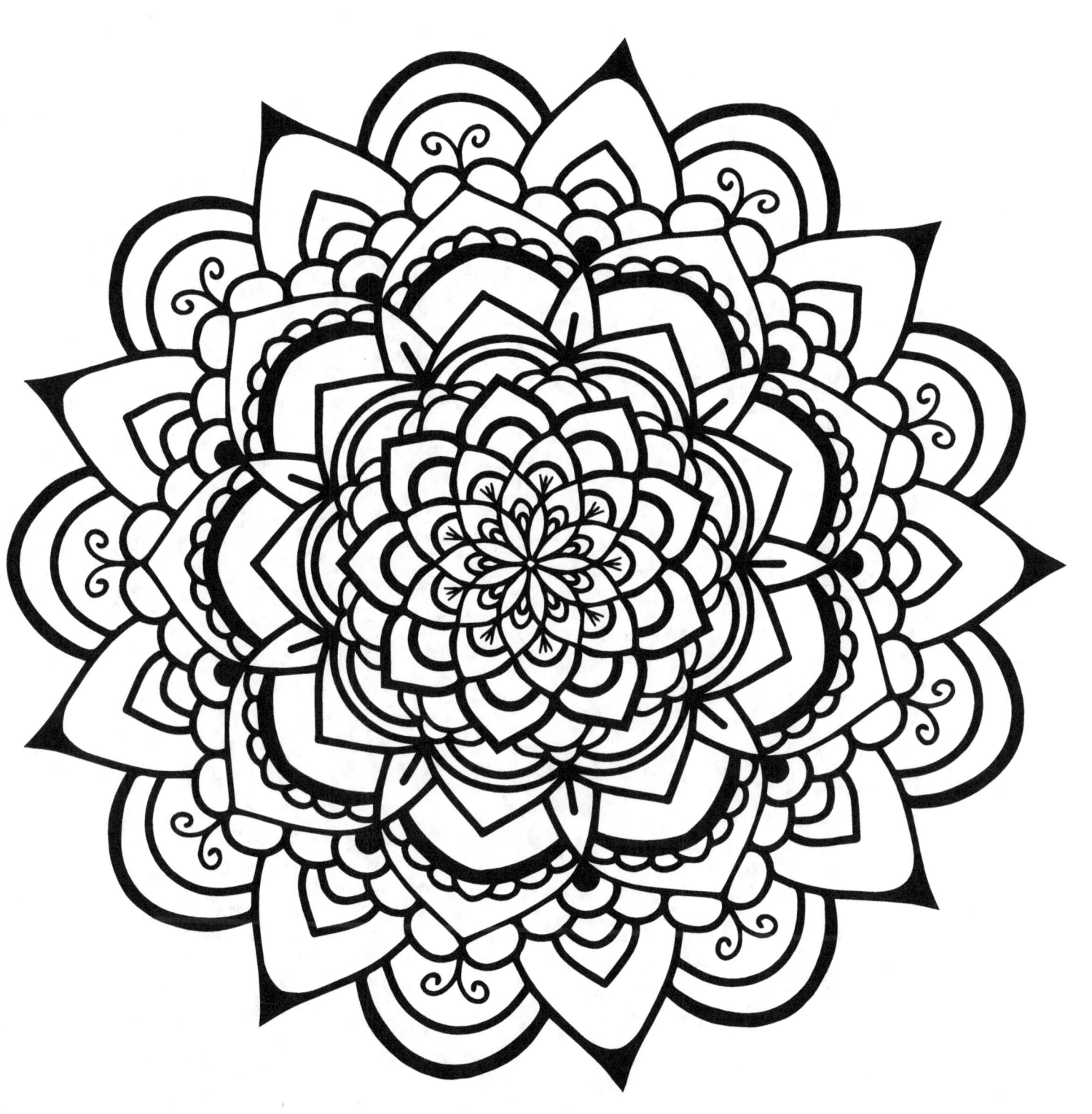

Salmo 37:4
Deleita-te também no Senhor, e ele te concederá o que deseja o teu coração.

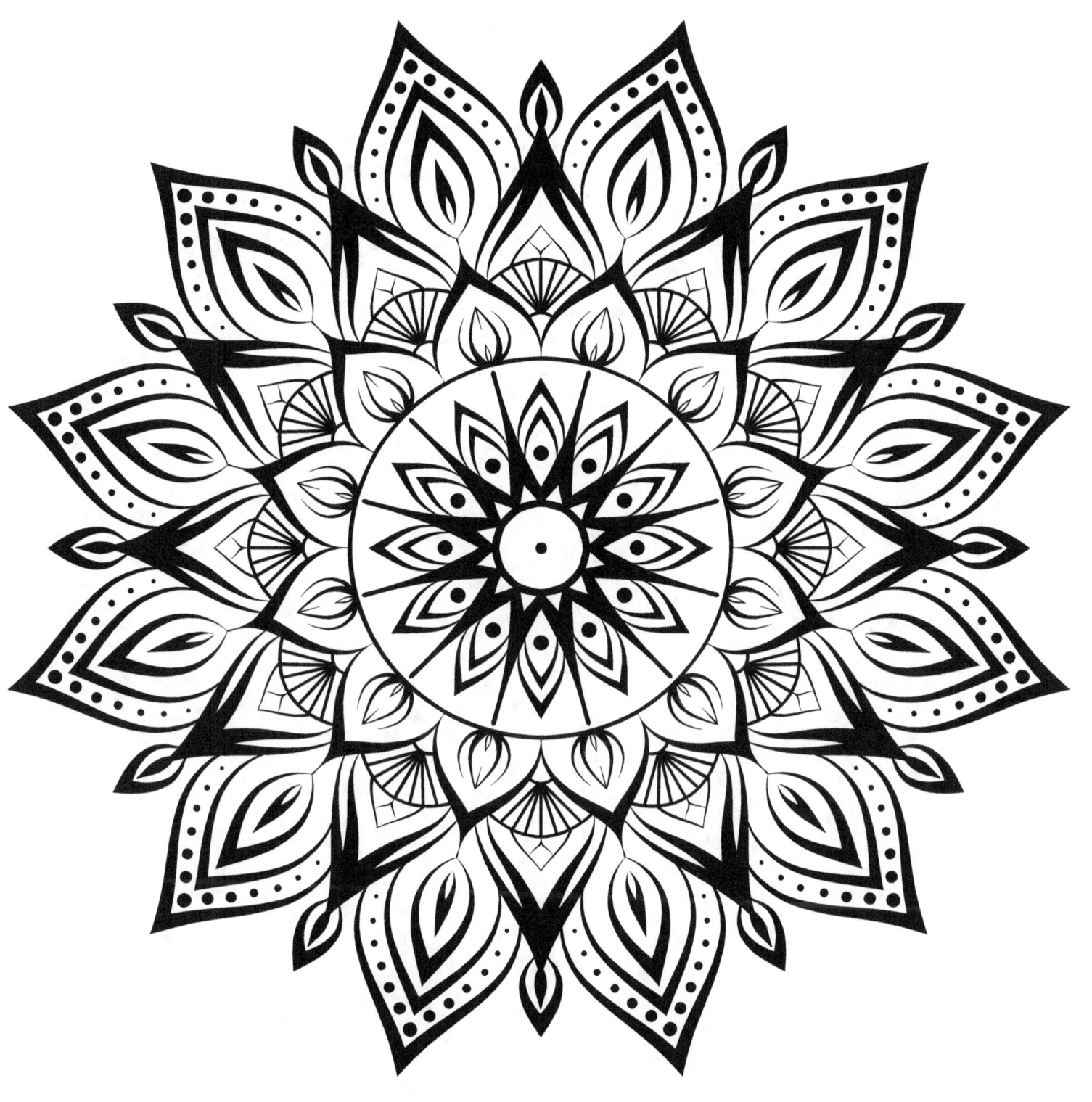

Jó 36:11
Se o ouvirem, e o servirem, acabarão seus dias em prosperidade, e os seus anos em delícias.

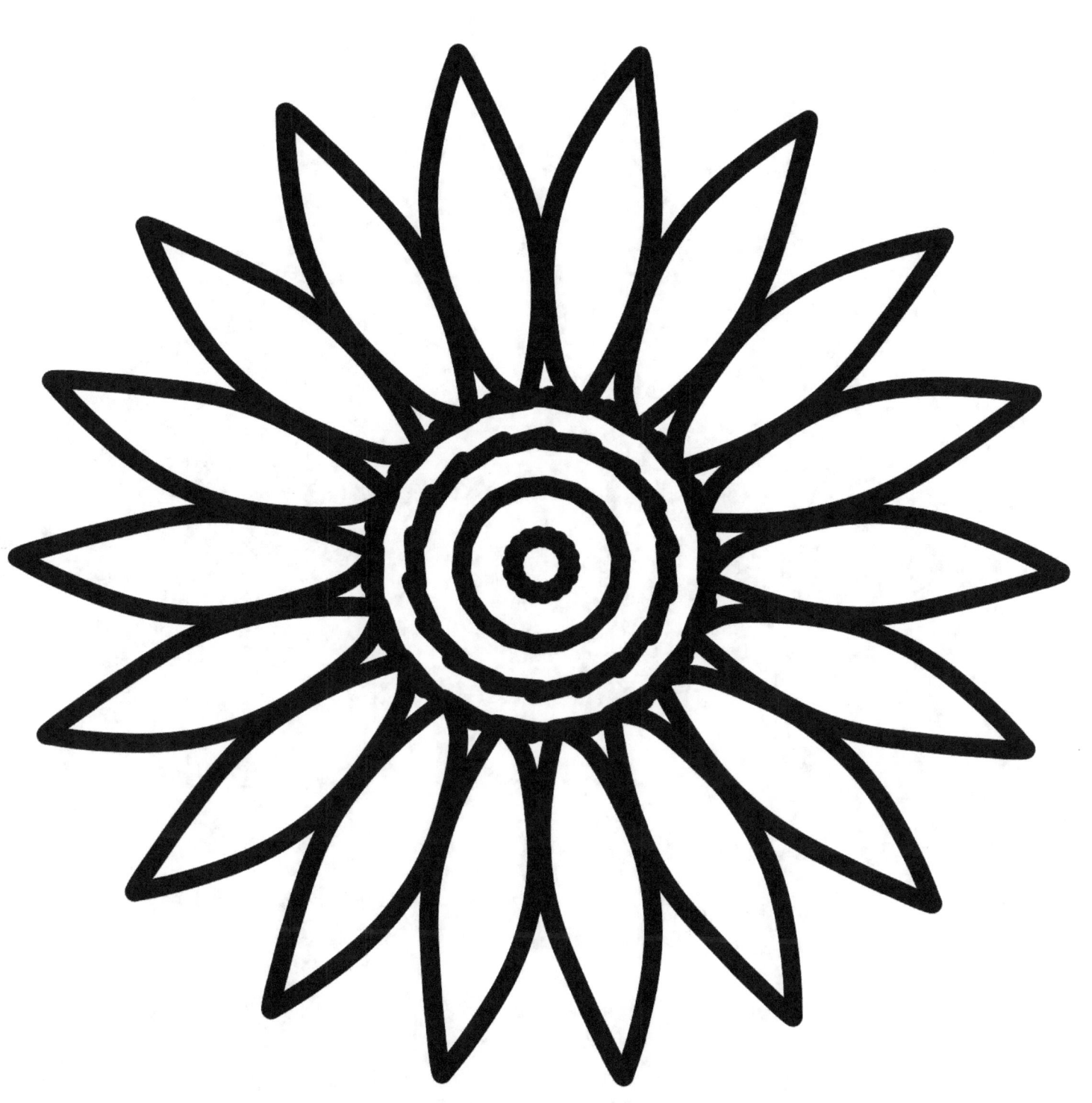

Provérbios 28:25
O cobiçoso levanta contendas; mas o que confia no senhor prosperará.

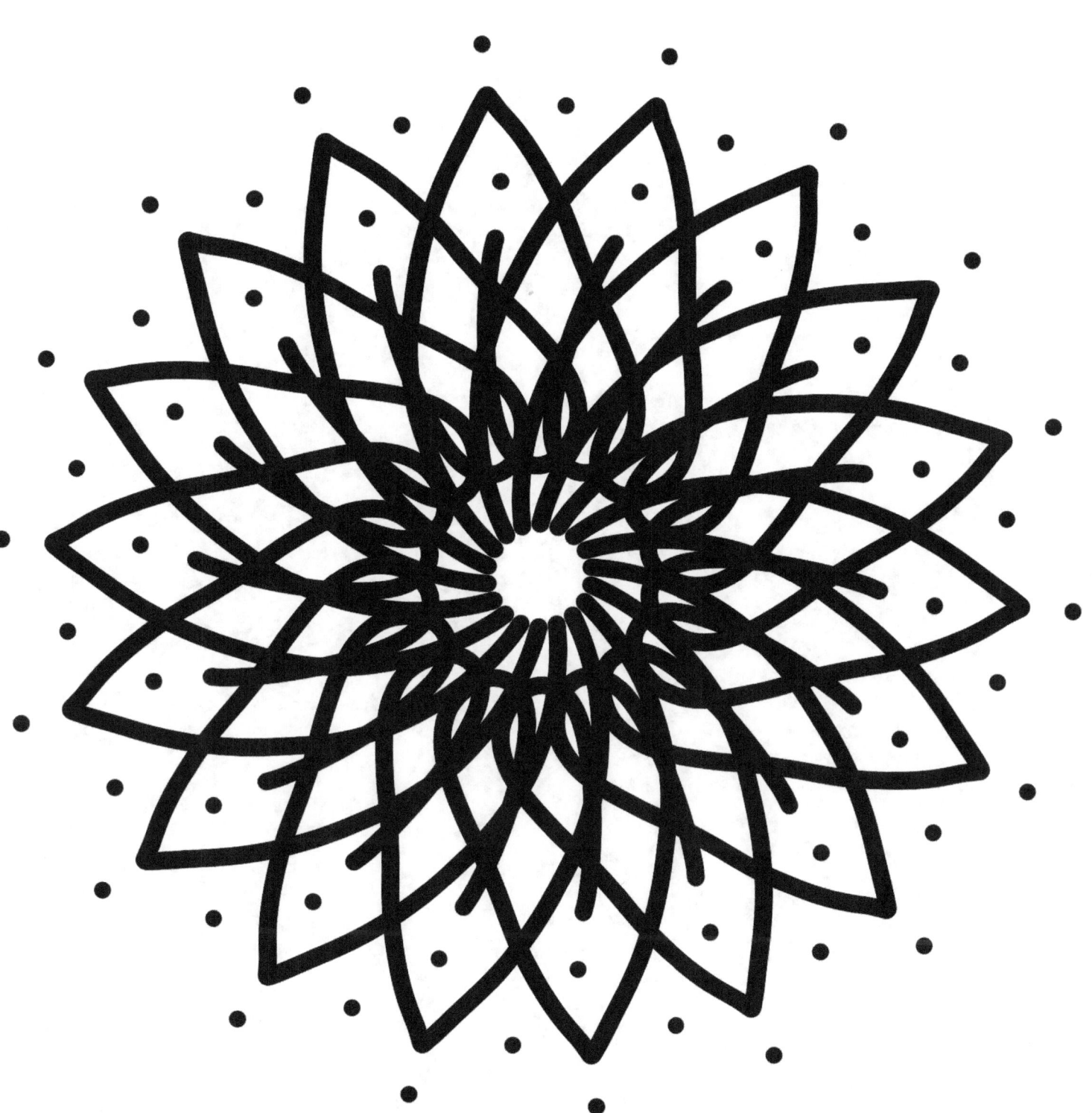